교회개척의 새로운 패러다임

―가정교회 개척이야기―

교회개척의 새로운 패러다임
-가정교회 개척이야기-

제1판 1쇄 발행 · 2015년 8월 1일
제1판 5쇄 발행 · 2023년 10월 20일

엮은이 | 최영기
펴낸이 | 김용성
펴낸데 | 요단출판사
　　　　07238 서울특별시 영등포구 국회대로 76길 10
기　획 | (02)2643-9155
보　급 | (02)2643-7290　　Fax (02)2643-1877
등　록 | 1973. 8. 23. 제13-10호

ⓒ 요단 2015

기획편집 | 박찬익
디 자 인 | 서경화
제　　작 | 정준용
보　　급 | 이대성

값 12,000원
ISBN 978-89-350-1582-5 03230

이 책의 한국어판 저작권은 요단출판사가 소유하고 있습니다.
출판사의 사전 승인 없이 책의 내용이나 표지 등을 복제, 인용할 수 없습니다.

교회개척의 새로운 패러다임

―가정교회 개척이야기―

최영기 엮음

요단

 들어가는 글

「개척교회 사례집」이 국제 가정교회 사역원에 의해 2009년에 출판되었으니까, 그동안 어언 6년의 세월이 흘렀습니다.

그동안 가정교회 사역에도, 미국의 기독교계에도 많은 변화가 있었습니다. 가정교회가 널리 전파되고 10년 만에 비신자 전도로 교인 수가 배가된 교회들도 생겼다는 기쁜 소식도 있지만, 교회를 개척하려는 목사님들에게는 상황이 점점 더 어려워지고 있다는, 마음을 무겁게 하는 소식도 들립니다.

따라서 새로이 교회를 개척하는 목사님들을 위해 좀 더 오늘날의 개척 상황에 맞는 사례집이 필요하다고 생각되어 최근에 교회를 개척한 세 분들의 이야기를 더해서 개정판을 발간하기로 결정하였습니다. 강승찬(시드니 새생명교회), 권영만(시냇가교회), 이동근(포커스교회) 목사님이 글을 기고해 주셨는데, 이 분들은 모두 바르게 교회를 개척하여 작지만 건강한 교회를 세워가고 있는 분들입니다. 이미 글을 썼던 최병희(캐나다 다사랑교회), 김기태(참사랑교회), 안국철(청주 사랑의교회) 목사님도 개정판을 위하여 새롭게 글을 써주셨습니다.

지난번에는 국제 가정교회 사역원의 이름으로 출판했지만, 이번에는 「생명의 삶」 교재 '첫 단계'를 출판한 요단출판사를 통해 출판하게 되었습니다. 책에 실린 사례 중에서 6개가 새로운 글이라 제목도 새롭게 바꾸어 출판하게 되었습니다.

이 글은 가정교회 개척 사례이지만 일반 교회를 개척하는 분들에게도 많은 도움이 될 것이라고 생각합니다. 개척교회 목사가 겪는 문제들은 대동소이하기 때문입니다. 더구나 신약교회 회복을 추구하는 가정교회 목회 원칙은 성경적인 원칙이기도 하기 때문에 바르게 개척하기를 원하는 분들에게는 좋은 가이드가 될 것입니다.

교회개척이 어려운 단계를 넘어 거의 불가능하다고까지 말하는 요즈음, 이 책이 교회개척을 계획하거나 꿈꾸는 분들에게 소망을 주기를 바랍니다.

최영기 목사(국제 가정교회 사역원장)

 초판 머리글

　가정교회로 교회개척을 하여서 잘 정착시킨 여섯 분의 사례를 소책자로 모아 출간하게 된 것을 기쁘게 생각합니다.
　미국이나 한국이나 더 이상 교회개척은 안 된다는 것이 정설입니다. 생활수준이 높아지면서 사람들이 모든 것이 갖추어진 대형 교회를 선호하게 되었고, 개인주의 발달과 더불어 희생이 요구되는 개척 교회를 기피하는 것이 현실이기 때문입니다.
　전통적인 방법대로 개척멤버를 모으고, 예배드릴 교회건물을 마련하고, 하객들을 초청하여 개척예배를 드리고 시작하는 것은 개척 비용을 비롯하여 어려움이 한두 가지가 아닙니다. 그래서 어떤 목회자들은 새로운 개척의 방법으로서 가정교회를 선택하기도 합니다.

　그러나 가정교회로 개척을 했다고 해서 반드시 성공한다는 보장이 없습니다. 지금까지 해오던 전통적인 목회정신을 그대로 가진 채, 개척멤버가 없고, 교회건물을 사거나 임대할 재력이 없다는 이유만으로 가정교회를 선택한다면 반드시 실패합니다. 가정교회개척에 성공하기 위해서는 올바른 동기에서 시작해야 합니다.

올바른 동기를 갖기 위해서는 자신의 필요가 아니라 하나님의 필요에서 시작해야 합니다. 직장 생활을 그만 두고 신학교에 가기로 결심했다는 사람들은 보통 이런 식으로 자신의 동기를 설명합니다. "저는 이제 직장 생활에 보람을 느낄 수 없습니다. 주님의 일을 할 때가 가장 보람이 있고 즐겁습니다. 그래서 직장생활을 그만 두고 신학교에 가려고 합니다."

그러나 보람과 기쁨을 맛보기 위하여 신학교에 간다면 궁극적으로 자신의 필요를 채우기 위해서 가는 것입니다. 우리가 신학을 공부하고 목회자가 되는 것이 자신의 필요를 채우기 위해서입니까, 하나님의 필요를 채우기 위해서입니까?

목회자는 하나님의 필요를 채우기 위하여 부름받은 사람입니다. 자신의 필요가 아니고 하나님의 필요에서 시작하는 사람은 다음 세 가지 질문을 자신에게 던집니다. 하나님의 필요가 내게 보이는가? 하나님의 필요를 채우고 싶은 소원이 내게 있는가? 하나님의 필요를 채울 은사를 내가 갖고 있는가?

이미 수많은 교회가 세워져 있고, 수많은 신학교 졸업생이 쏟아져

나오는 현재 상황에서, 남과 다를 것 없는 또 하나의 교회가 개척되어 진다는 것은 별 의미가 없습니다. 하나님의 필요를 채울 수 있는 교회 개척만이 정당성을 갖습니다.

그렇다면 현대에 있어서 하나님의 필요가 무엇입니까? 소외된 사람들을 섬겨주는 것입니다. 구약 시대에 고아와 과부에게 특별한 관심을 쏟으셨던 하나님께서는, 21세기에서는 사회에서 소외되고, 대형 교회에서 외면하는 사람들에 대한 특별한 관심과 안타까움을 갖고 계시다고 생각합니다. 이러한 하나님의 안타까움을 해소해 드리기 위하여 세워지는 교회가 하나님의 필요가 채워지는 교회이고, 이런 교회만이 개척되어야할 당위성이 있다고 생각합니다.

가정교회를 교회 성장의 도구로 사용하거나, 교회를 쉽게 개척을 할 수 있는 방법으로 사용하기 위해서라면, 가정교회로 개척한다 해도 별 의미가 없습니다. 소외된 분들을 섬기기 위한 목적으로 시작할 때에 가정교회를 통한 개척이 의미가 있고, 이 목적을 위해서라면 가정교회보다 더 좋은 시스템이 없을 것입니다.

이 책에 기록된 사례를 읽어보시면 가정교회를 통한 교회개척이 절대 쉽지가 않다는 것을 발견하실 것입니다. 예수님 닮은 순종과 섬김이 없이는 불가능합니다.

그러나 이러한 순종과 섬김 가운데에 자신이 예수님을 닮아 간다는 기쁨이 있고, 하나님의 필요를 채워드렸다는 보람이 있고, 하나님의 관심이 있는 곳에 충성을 쏟아 부었으니 하나님 앞에 섰을 때에 상급이 있으리라는 기대가 있습니다.

하나님의 필요를 느끼고, 그 필요를 채워드리기 위하여 교회를 개척하려는 분들에게 이 책이 큰 도움이 될 것입니다.

휴스턴 서울교회 최영기 목사, *2009년*

 목 차

들어가는 글 _ 최영기 목사 • 4
초판 머릿글 _ 최영기 목사 • 6

Part 01 새로운 교회개척 패러다임의 시작, 가정교회 _ 최병희 목사

1. 서론 • 14
2. 개척가정교회의 유형과 개척모델 • 20
3. 개척가정교회, 21세기 교회개척의 새로운 대안 • 28
4. 개척가정교회가 당면한 문제들 • 34
5. 성공적인 개척가정교회를 위한 조언 • 40
6. 개척가정교회 지원방법 • 47
7. 결론 • 52

Part 02 가정교회 개척 이야기

교회 하나, 주바라기교회 _ 천영일 목사 • 64

1. "목사님들은 세미나를 보내면 안돼."
2. 전도 안 하는 목사가 전도를 하다
3. 세 가지 의문, 기다림으로 풀리다
4. 영혼사랑이 힘이다
5. 보람과 기쁨
6. 21세기 교회개척의 대안 : 가정교회

교회 둘, 참사랑교회 _ 김기태 목사 • 88

1. 불행한 목사, 행복한 목사가 되다
2. 행복한 목사 행복한 성도
3. 철인 5종 경기
4. 극복 체험기
5. 가정교회가 주는 유익
6. 은혜 마취제

교회 셋, 하늘문교회 _ 배영진 목사 • 114
1. 교회개척의 꿈
2. 왜 가정교회여야 했는가?
3. 가정교회로 전환하다
4. 혼돈의 시간
5. 문제점들이 해결되다
6. 섬김 무한리필

교회 넷, 포커스교회 _ 이동근 목사 • 136
1. 포커스를 맞추면 보인다
2. 아이들과 교회를 세우다
3. 그 교회를 세우라
4. 허니문은 끝나고
5. 어깨를 빌려라

교회 다섯, 시냇가교회 _ 권영만 목사 • 156
1. 둘째가 교회를 개척하다
2. 낯선 곳에 둥지를 틀다
3. 첫째도, 둘째도, 셋째도 영혼구원
4. 제자가 스승보다 낫다
5. 기본과 원칙이 능력이 되다

교회 여섯, 시드니 새생명교회 _ 강승찬 목사 • 174
1. 재생산이 안 된다?
2. 개척을 준비하다
3. 드디어 교회를 개척하다
4. Tip 3가지

교회 일곱, 사랑의교회 _ 안국철 목사 • 195
1. 주님, 왜 계속 부르세요?
2. 원형목장 만들기
3. 되는 것이 없을 때
4. 목자들이 지칠 때
5. 약점을 강점으로... 그래도 아픈 시간들
6. 나는 지금도 본질 위를 달린다

Part 01

새로운
교회개척 패러다임의 시작,
가정교회

새로운 교회개척 패러다임의 시작,
가정교회 _ 최병희 목사

1. 서론

우리는 개척가정교회 목회자들을 위한 실제적 필요들을 발견하고, 그들에게 도움을 줄 수 있는 방법을 모색하기 위해 2009년 2월 휴스턴 서울교회의 연수관에 모였다.

최영기 목사님을 비롯해, 가정교회로 개척한 평택 참사랑교회 김기태 목사(조현순 사모), 청주 사랑의교회 안국철 목사(고영희 사모), 캐나다 주바라기교회 천영일 목사, 미국 필라한겨레교회 황웅렬 목사와 개척 2년 후 가정교회로 전환한 죽전 하늘문교회 배영진 목사(차윤일 사모) 그리고 역시 개척가정교회 목회자는 아니지만 기성교회를 가정교회로 전환한 캐나다 다사랑교회 최병희 목사(조용수 사모)가 함께 참가했다.

우리는 연수관에서 개척가정교회와 목회자들에게 도움을 줄 수 있는 구체적인 방법들을 모색하기 위해 2주 동안 토의를 했고, 그 방법의 하나로 이 책을 발간하게 되었다.

요즘 한국 종교계의 현실은 천주교와 불교는 성장하는 반면에 기독교는 감소하는 추세라고 한다. 성장하고 있는 이단종파의 신도 숫자가 기독교인에 포함된 것을 감안하면 개신교 성도의 수는 통계 수치보다 더 많이 감소한 셈이다. 이렇게 된 것은 하루가 멀다 하고 드러나는 대형교회의 문제들과 빛과 소금의 역할을 하지 못하는 기독교인들의 삶 때문이 아닐까 생각한다.

또한 세속주의와 성공주의가 교회 안까지 침투해서 일부 목회자를 포함한 교회 지도자들이 외형의 교회성장을 성공의 잣대로 삼고, 영혼구원에 애쓰기보다는 크고 좋은 건물을 지어놓고 다른 교회의 기존교인들을 흡수하여 사회와 교회의 지탄을 받고 있기 때문이기도 할 것이다.

이렇게 한국교회의 실추된 이미지와 영향력 약화로 인해 전도는 더 어려워지고 있다. 그 사이 교회의 선한 이미지는 점점 줄어들고, 기독교인 또한 줄어들고 있다. 이런 현실을 우려하여 교회를 개혁해야 한다는 목소리는 많으나 구체적인 대안이나 모델이 제시되지는 못하고 있다. 이런 현실 속에서 개척을 계획하거나 개척교회를 섬기는 목사에게 어떤 사람들은 "이미 교회가 과포화상태가 된 상황에서 교회개척이나 개척교회가 필요한 것일까?"라는 심각한 질문을 던지기도 한다. 또 교회개척에 부정적인 사람들은 이런 주장을 하기도 한다. "교회가 필요해서가 아니라, 쏟아져 나오는 신학생들의 필요를 채우기 위해서 교회를 개척하려는 것은 아닌가?"

언뜻 보기에는 이 주장이 일리가 있어 보이지만 그러나 우리는 적어도 다음의 네 가지 당위성 때문에 교회를 개척한다. 첫째, 하나님께 받은 목회의 소명 때문이다. 개인이 하나님께 받은 목회 소명이 있다면 한국 기독교인 숫자의 증감과 관계없이 기성교회나 개척교회 어디서든지 목회를 해야 한다.

둘째, 아직도 우리나라 인구의 83퍼센트 정도가 비신자이기 때문이다(교회에 다니는 17퍼센트를 모두 신자라고 가정함). 기존 교회들이 83퍼센트의 비신자를 모두 전도할 수 있을까? (이 책에서는 예수님을 영접하지 않은 사람을 '비신자'라고 부른다. 가정교회에서는 'VIP'[1] 라고 부른다.) 오늘도 많은 비신자가 죽어가고 있는 시급한 현실을 인식한다면 우리는 가만히 앉아 있어서는 안 된다. 건강한 교회를 개척(특히 개척가정교회)하여 잃은 영혼들을 찾아 살려내야 한다. 개척교회가 기성교회보다 비신자 전도에 더 열심이고 효과적이라는 것은 이미 여러 연구에서 입증되었다.

---

1) 하나님께 귀한 존재라고 생각하기 때문에 비신자를 VIP(Very Important Person)라고 부른다.

셋째, 기성교회가 아닌 개척교회로 부르심을 받은 목회자들이 있기 때문이다. 크게 세 부류의 목회자 타입이 있다고 한다: 작은 기성교회를 어느 정도 크기로 잘 성장시키는 목사와 어느 정도 크기의 교회를 잘 이끌어 가는 목사, 그리고 하나님의 교회를 잘 개척하는 목사다. 개척교회로 부르심을 받은 목회자는 개척에 대한 남다른 열정 때문에, 기성교회에서 청빙이 와도 거절하고 교회를 개척하는 것을 자주 본다. 또는 별다른 이유 없이 기성교회의 담임목사직을 사임하고 새로 교회를 개척하는 목사들도 있다.

마지막으로, 교회를 개척해야 하는 이유는 교회는 그리스도의 몸이고, 그리스도의 몸은 질적으로뿐 아니라 양적으로도 자라야 하기 때문이다. 교회개척은 이 땅에 그리스도의 몸을 세우는 것이며, 그것은 곧 하나님의 나라를 확장하는 것이다. 하나님께서는 교회를 통해 하나님의 나라를 확장하신다. 이것은 선교지에서 교회를 세우지 않고 떠난 선교사의 사역이 얼마 지나지 않아 대부분 무너져 버린 실례들을 통해 이미 입증되었으며, 이 사실은 한국이나 북미 등 세계 어느 곳에서나 공통적으로 적용이 된다. 그래서 가정교회 필수과목 중의 하나인 「하나님을 경험하는 삶」의 저자인 Henry Blackaby 목사는 교회를 '세계선교센터'(World Mission Center)라고 부르기까지 한다.

이 책은 교회개척의 당위성을 논하거나 교회개척의 이론적 토대를 제공할 목적은 아니다. 그러나 교회개척의 당위성을 떠나, 교회개척을 계획하고 있는 신학생들은 물론 교회개척을 시작한 목회자들이 여전히 많고, 그분들 중에 많은 분들이 가정교회 목회를 하고 있거나 가정교회에 대해 관심을 갖고 있기 때문에, 이분들을 실제적으로 돕기 위해 쓰였다.

목회자가 교회를 개척할 때 겪는 가장 큰 어려움은 자금이다. 한국에서 교회를 개척하려면 상가보증금과 인테리어 비용으로 최소한 수 천 만원이 필요하다(사실, 수 천 만원은 최소한의 금액이고, 대부분 1억 원 이상 필요하다). 그래서 개척자금을 모으기 위해 몇 년 동안 목회를 중단하고 세상에 뛰어들어 일을 하는 분들도 많다. 그중 많은 분들은 결국 개척을 못하든지 아니면 그냥 그 자리에 주저앉고 만다. 모교회가 크게 도와주는 경우를 제외하면 거의 대부분의 개척교회 목회자가 개척자금 문제로 어려움을 겪는 것이 현실이다.

개척멤버가 없는 것 역시 개척교회의 어려움이다. 개척자금을 모아서 개척하더라도 기존신자는 부담을 느껴 개척교회에 오지 않는다. 더군다나 대부분의 개척교회가 상가, 그것도 지하에서 시작할 수밖에 없는데, 기존신자들 뿐 아니라 비신자들 역시 상가교회나 지하교회는 좋아하지 않는다. 그나마 신도시에서 일찍 개척하면 좀 낫다. 대부분 신도시가 기존 도시와는 멀리 떨어져 있고 아직 생활편의 시설이 모두 갖추어져 있지 않기 때문에 새로 이사온 기존신자들은 일단 상가교회를 찾아온다. 그러나 이들은 나중에 건물이 크고 프로그램이 좋은 대형교회가 주위에 세워지면 너무나 쉽게 그곳으로 옮겨 버린다.

이런 상황이니 한국에서 개척이 불가능하다는 말이 이해가 되고도 남는다. 목회자가 목회에만 전념할 수 있도록 최소한의 생계를 교회가 책임지려면 교회의 성도가 적어도 장년 50명 또는 십일조 교인이 30명 정도 되어야 하는데 교회를 개척해서 그렇게까지 되기가 매우 힘들기 때문이다.

정확한 통계는 아니지만 몇 년 전, 한 해에 3천5백 개의 교회가 문을 닫는다는 통계보고가 있었다. 아마 대부분 개척교회일 것이다. 개척목사가 특별한 은사가 있든지, 아니면 주위 교회에 문제가 생겨서 교인들이 수평이동해오는 극히 예외적인 경우를 제외하면 개척교회가 자립하기는 거의 불가능해 보인다. 대안이 없을까?

우리는 가정교회로 개척하는 것이 그 대안이라고 생각한다. 대형교회의 영향을 받는 기존신자를 염두에 둔 개척이 아니라 비신자 전도를 목표로 가정교회로 개척하는 것이다.

이 책은 바로 비신자를 전도하기 위해 교회를 개척하려는 분들을 위해 다음과 같은 목적을 가지고 쓰였다.

- 가정교회로 개척하려고 준비 중인 목회자를 돕는다.
- 가정교회로 개척한 목회자를 돕는다.
- 개척단계에 있는 교회의 목회자가 가정교회로 전환하는 것을 돕는다.
- 개척하려는 목회자가 가정교회로 개척하도록 돕는다.
- 기존가정교회가 가정교회로 분립개척하는 것을 돕는다.

• 기존가정교회가 전략적으로 개척이 필요한 지역에 가정교회를 개척하는 것을 돕는다.

2. 개척가정교회의 유형과 개척모델

가정교회 개척유형에는 여러 가지가 있다. 그러나 어떤 유형으로 개척하든지 개척가정교회에는 몇 가지 공통점이 있다.

첫째는 목회자가 바른 목회관을 갖고 있다는 것이다. 가정교회 목회자들은 외형의 교회 성장보다는 영혼구원에 집중함으로 하나님 나라의 확장에 목표를 둔다. 목회자의 목표가 이 목표와 다르거나 흔들리게 되면 가정교회를 개척하더라도 곧 중단하게 된다. 목회자는 큰 교회를 통해 성공하려는 야망과, 단시간에 교회를 성장시켜보겠다는 자기 성취욕과 끊임없이 싸워야 한다.

둘째는 목회자와 가족의 헌신이 필요하다는 것이다. 특히 사모의 협조가 필수다. 목회자가 첫 목자이자 영원한 목자로 헌신해야 하듯이 사모 역시 첫 목녀[2]이자 영원한 목녀가 되어야 한다.

셋째는 개척가정교회는 기신자를 받아 들이지 않는다는 것이다. 잃은 영혼을 찾는 하나님의 마음으로 비신자들을 하나님 품에 돌아오게 하는 것이 가정교회의 또 하나의 공통된 목표다.

---
2) 목자의 아내

개척가정교회는 다음과 같은 유형들이 있다.

가정개척가정교회: 처음부터 가정에서 원형목장으로 개척

목사 부부를 중심으로 가정에서 원형목장[3] 형태로 시작하는 교회다(원형목장과 시범목장은 차이가 있는데, 개척교회에서 목사가 목자가 되어 처음으로 모인 목장[4]이 원형목장이고, 전환교회에서 목사가 목자후보자들을 목원으로 삼아 시범으로 인도하는 목장이 시범목장이다). 가족이나 평소에 친분이 있던 분들과 함께 가정에서 목장모임(혹은 주일예배)을 하다가, 인원이 많아지면 건물에서 예배를 드리게 된다. 청주 사랑의교회(안국철 목사)와 캐나다 밴쿠버 주바라기교회(천영일 목사)가 이런 예가 되겠다. 그러나 두 교회의 경우가 똑같지는 않다.

안국철 목사는 대전에서 직장을 다니며 교회사역을 하던 중에 청소년 전문사역을 하기 위해 아무 연고도 없는 청주로 이사를 갔다가 청소년 사역 계획이 무산되어 그곳에서 영어강의를 하며 생활하였다. 그런데 사모가 그 지역의 이웃과 좋은 교제를 나누며 사랑으로 정성껏 이웃을 섬겼다. 1년 6개월 동안 사람들과 식사하며 교제하다가 집에서 예배를 드리기 시작했다. 주일에는 집에서 주일예배도 드렸다. 이웃과의 교제모임이 자연스럽게 목장모임이 된 케이스다. 모이는 인원이 아이들을 포함해서 20명이 넘을 때 건물을 임대했다. 사랑

---

[3] 가정교회로 개척하는 목회자가 자신의 집에서 갖는 단 한 개의 목장.
[4] 가정교회의 기본 단위로서 교회의 본질적인 사명(예배, 교육, 교제, 전도와 선교)을 다하는 공동체

과 섬김을 통해 목장이 자연스럽게 형성된 대표적인 모델이다.

천영일 목사는 몇 년 동안 기존교회에서 부목사로 섬긴 뒤에 기존교회의 담임목회자가 되기를 원했지만 마땅한 목회지를 찾지 못해 개척할 수밖에 없는 형국이 되었다. 어떻게 개척해야 할지 막막할 때 가정교회를 알게 되었고, 불신자를 전도해서 가정에서 교회를 하면 되겠다는 생각으로 가정교회를 시작했다. 사모가 Full time으로 일하면서 생계를 돕고 천영일 목사도 Part time으로 일하면서 경제문제를 해결했다. 천영일 목사는 VIP를 찾아 나서서 그들을 만나 그들의 필요를 채워주면서 먼저 관계를 맺고, 그 다음에 집에 초대하여 친분을 쌓은 후에 목장에 초대했다. 주바라기교회는 북미의 특성상 예배당을 빌리기 쉬웠기 때문에 가정에서 모인 후 몇 개월 뒤에 예배당에서 주일예배를 드렸다.

포커스교회 이동근 목사는 부교역자로 섬기면서 '교회'에 대해 고민하다가, 교회를 개척하여 원형목장으로 시작을 했지만 전도가 쉽지 않은 상황에서 아이들을 섬기다가 그 아이들의 부모까지 전도가 되어 점점 틀을 잡게 된 경우다. 이후 상가를 임대해 교회의 모습을 갖추어 가게 되었다. 포커스교회도 사랑과 섬김으로 목장이 자연스럽게 형성된 케이스라고 하겠다.

용인 시냇가교회의 권영만 목사는 개척을 시작할 때 몇 가정의 개척멤버가 있었지만 가정에서 원형목장을 시작한 케이스이다. 어려운 질병으로 고통 받고 있는 분들을 섬기며 목사 가정과 개척멤버가 섬김과 영혼구원의 간절함을 알아가던 중 인원이 늘면서 자연스럽게 상가를 빌려 주일 예배를 드렸다.

건물개척가정교회: 교회건물을 빌린 후 가정교회로 개척

먼저 건물을 빌린 후 개척하는 과정에서 가정교회를 알게 되어 원형목장을 통해 가정교회로 개척하는 경우이다.

평택 참사랑교회(김기태 목사)가 그 예이다. 그러나 건물만 빌렸을 뿐, 개척의 과정이나 내용은 가정개척가정교회와 거의 같다. 김기태 목사는 먼저 상가건물을 전세로 임대한 후 개척을 준비하다가 가정교회를 알게 되어 가정교회로 개척했다. 이미 건물을 빌린 상태였지만, 목사 부부가 목자 목녀가 되어 가정에서 10명으로 원형목장을 시작했다.

건물개척가정교회가 건물을 얻어 개척한 것을 제외하고는 가정개척가정교회와 같음에도 따로 설명하는 이유는 '가정교회의 특성이자 장점은 '교회는 교인이지 건물이 아니다'라고 믿기 때문에 개척하기 위해 건물을 임대할 필요가 없다는 것을 말해주기 위해서이다. 그러나 무리가 되지 않는다면 선교지에서 선교하듯 전략적으로 건물을 임대하여 개척해도 상관은 없다.

중요한 것은 VIP가 건물로 찾아오기를 바라는 소극적인 전통적 방법을 버리고 비신자들의 필요를 채워주며 적극적인 관계전도를 하겠다는 목표로 개척을 해야 한다는 것이다.

멤버개척가정교회

일정 수의 개척멤버(예: 장년 30명 혹은 목장 3개 이하)가 있는 상태에서 가정교회로 개척하는 경우다. 호주 시드니의 새생명교회가 그 예이다. 강승찬 목사는 부목사를 사임하고 교회를 개척했는데, 첫 예배를 드릴 때 약 20여 명(개척멤버 3가정)이 있었다. 개척하기 전부터 가정교회를 알았으며, 처음부터 가정교회로 개척했고, 목회자 가정을 오픈하여 목장모임을 시작하였다.

전환개척가정교회: 일반교회로 개척한 초기에 가정교회로 전환

기존교회로 개척했지만, 개척 단계일 때 가정교회로 전환한 경우다. 죽전 하늘문교회(배영진 목사)가 이 경우에 해당한다. 배영진 목사는 부목사로 섬기던 교회에서 분립하여 기존교회로 개척한 후에 바른 목회모델을 찾다가 가정교회를 알게 되어, 개척교회 초기에 가정교회로 전환했다.

배영진 목사가 개척할 때 기존교회인 모교회에서 상가건물을 구입해 주고 생활비를 보조해 주었지만 모교회에서 이동해 온 교인은 없었다. 개척 후 얼마 지나지 않아 바르게 목회를 한다고 했지만 교회가 생각만큼 바르게 서지 않는 것에 대해 고민하던 중, 주위의 친한 목회자들이 추천해서 가정교회로 전환했다. 네 명의 목자를 세웠지만 곧 두 명의 목자가 그만 두는 어려움을 겪었다. 지역모임[5]과 컨퍼런스에

---

5) 가까운 지역에서 가정교회를 하고 있거나 관심을 갖고 있는 목회자들의 정기 모임

서 얻은 여러 정보를 적용했으나, 결론적으로 전환교회의 케이스를 개척교회에 잘못 적용했다는 사실을 알고는 개척에 맞는 원칙과 방법을 찾으려고 노력하고 있다.

30명 이상 멤버로 개척하는 경우와 30명 이상 되는 개척교회가 가정교회로 전환하는 경우에는 '가정교회 개척'이라고 볼 수 없지만 이런 경우에도 이 책에 나오는 개척가정교회에 관한 자료가 도움이 될 수 있을 것이다.

분립개척가정교회: 기성가정교회에서 분립해서 가정교회를 개척

'목장 인턴십'을 통해 경험부족에서 오는 시행착오를 줄이고 물적·인적자원 부족이라는 문제를 해결할 수 있다. '목장 인턴십'은 개척목회자가 먼저 목원이나 목자, 혹은 초원지기로서 가정교회를 경험한 후에 개척하도록 하는 것이다. 세 가지 경우를 생각해 볼 수 있다. 먼저 기성가정교회의 기존 부목사가 그 교회의 목원이 된 후, 분가를 통해 목자가 되고(바로 목자가 될 수도 있다), 또 다른 분가를 통해 초원지기가 되는 것이다. 이때 이미 부목사와 끈끈한 공동체가 형성된 초원[6]을 떼어서 분립개척시키는 것이다.

두 번째 경우는 부목사가 담임목사의 지도하에서 개척목장을 시작하는 것이다. 분가를 거쳐 초원지기가 된 시점에서 분립개척을 시킨다.

---

6) 목장 숫자가 많아졌을 때 목장을 몇 개씩 묶어 형성된 공동체.

세 번째는 그 교회 부목사가 아닌, 개척을 준비하는 목회자가 기성가정교회의 목원으로 들어가서 첫 번째 경우와 같은 과정을 거친 후 분립개척하는 것이다(실질적으로 부목사로 채용될 수도 있다).

분립개척을 하려면 기성가정교회 목회자의 허락이 필수다. 처음부터 분립개척할 것을 교인들에게 알리고, 부목사나 개척목사가 마음껏 목회할 수 있도록 배려해야 한다. 부목사나 개척목사도 기존교인들에게 욕심을 품지 말고 불신자만 전도해야 한다.

교회의 분립개척은 가정교회 목장의 분가와 같다고 할 수 있다. 가정교회가 '영혼 구원하여 제자 삼는 것'을 추구하기 때문에 우리의 시선은 개교회를 넘어서 하나님 나라로 확장되어야 하는데, 이것이 분립개척의 당위성이다. 건강한 목장의 분가가 자연스럽듯이, 건강한 교회의 분립개척도 자연스러운 일이라고 생각한다.

또 분립개척은 가정교회가 젊은 교역자를 섬기는 일이다. 가정교회 내에서 부목사들이 자신의 위치와 미래에 대해 우려하고 있는 것은 사실이다. 그러나 분립개척을 통해 부목사와 개척하려는 젊은 목사를 돕는 것은 '필요를 헤아려서 그 필요를 채워주는 것'인 섬김을 실천하는 것이 된다.

분립개척의 가장 큰 유익은 부목사나 개척목사에게 가정교회 경험을 제공한다는 것이다. 개척이건 전환이건 모든 가정교회 목회자는 예외 없이 시행착오와 혼란을 겪는다. 그러나 목원으로, 목자로,

---

7) 가정교회의 기본 공동체인 목장을 책임 맡아 목양하는 평신도 사역자.

혹은 초원지기[8]로 섬기면서 가정교회를 경험한다면 초기에 겪어야 할 시행착오와 혼란을 미리 방지할 수 있을 것이다.

　가정교회 분립개척의 또 다른 유익은 목장사역을 통해 부목사나 개척목사의 사명을 확인할 수 있다는 점이다. 개척목사의 은사가 없는 분들은 목장사역에서 열매가 없다. 그렇게 되면 개척보다는 다른 사역을 하는 것이 바람직하다. 즉, 개척으로 부르심을 받지 않은 목사가 개척을 함으로서 야기할 손실을 미리 방지할 수 있다.

　가정교회 분립개척은 건강한 교회의 모델인 가정교회의 확산을 위한 전략이 될 수 있다. 가정교회 확산에 큰 추진력을 제공하기 때문이다.

지원개척가정교회: 기성가정교회가 지원해서 가정교회를 개척

　기존교회의 분립개척과 비슷한 개념이다. 일반적으로 일부 기존 중대형 교회에서는 부목사가 개척할 때 모교회가 되어 개척자금을 지원한다. 이때 대부분 모교회와 멀리 떨어진 지역에 개척하기 때문에 모교회의 교인들이 개척교회에 합류하는 경우도 있지만 그렇지 않은 경우가 더 많다.

　가정교회 지원개척은 기성교회의 분립개척보다 더 넓은 의미를 가진다. 개척이 필요한 지역을 적극적으로 찾아서 전략적으로 가정교회를 개척하거나 개척을 돕는 것이다. 비신자가 83퍼센트에 달하

---

8) 초원을 책임맡아 목양하는 평신도 사역자

는 한국에 교회개척이 필요 없는 지역은 거의 없을 것이다. 그러나 교회와 지역의 형편과 특성을 고려해서 개척전략지역을 찾을 필요는 있다. 가정교회 전체의 틀에서 보면 가정교회 전파가 낮은 지역이 될 수 있겠다.

여러 가지 개척가정교회 유형이 있지만, 어느 유형이든 원형목장으로 시작하는 것이 중요하다. 될 수 있으면 주일예배를 조급히 시작하지 말고, 관계가 형성되기 쉬운 원형목장에 초점을 맞추기를 추천한다. 생물학적으로도 모세포(mother cell)가 튼튼해야 거기서 분열된 세포들이 건강하다. 처음에 무엇보다 먼저 건강한 원형목장을 세우는 것이 중요한 이유다.

또한 어떤 개척 유형을 택하든지, 개척교회 목회자가 기성가정교회에서 목장사역을 경험해 볼 필요가 있다. 교회가 속한 지역의 한 교회를 정해서 휴스턴 서울교회에서 연수하듯이 in-house training은 아니더라도, 목회자면담과 목장참석, 목자면담 등을 통해 많은 것을 배울 수 있을 것이다.

3. 개척가정교회, 21세기 교회개척의 새로운 대안

앞에서 말했듯이, 어떤 이유에서든지 교회가 개척되어야 한다면, 가정교회로 개척하는 것이 좋은 대안이라고 생각한다. 왜냐하면 개척가정교회는 일반개척교회와 비교할 때 여러 가지 장점이 있기 때문이다.

개척멤버와 개척자금이 필요 없다

흔히들 교회를 개척하려면 적어도 탄탄한 개척멤버 다섯 가정이 필요하다고 한다. 그러나 다섯 가정 모으기가 그리 쉽지 않다. 그러나 가정교회는 개척멤버가 필요없다. 그도 그럴것이 비신자를 대상으로 하는 목회이므로 처음에 개척멤버가 없어도 되는 것이 당연하다.

외국에서 개척하는 경우에는 현지 사람들의 예배당을 저렴하게 빌릴 수 있어서 많은 개척자금이 필요하진 않지만, 한국에서 개척하려면 예배당을 구입하거나 임대하기 위한 큰 금액의 개척자금이 필요하다. 교인이 빨리 늘지 않으면 임대료와 이자와 관리비 등의 자금 압박을 받게 되고, 그렇게 되면 기존신자에게 관심이 갈 수밖에 없게 된다. 그러나 가정에서 목장모임을 갖는 것으로 개척을 시작하면 어느 정도 교인이 늘어서 건물이 필요해질 때까지 개척자금이 필요 없다.

가정에서 교회를 개척하면 사람들이 교회로 인정하지 않는 어려움은 있을 수 있다. 그러나 아래에 나오지만 이것이 오히려 사람들이 교회에 대해 갖는 거부감을 없앨 수 있는 장점이 될 수도 있다. 또 다른 어려움이 있다면 교단(노회나 지방회)에 가입하기 힘들다는 것이다. 이 점은 전환가정교회 목회자들이 각자 속한 교단에서 가입을 도울 수 있다고 생각한다.

비신자 전도가 더 쉽다

이래저래 개척교회에는 기존신자가 잘 오지 않는다. 그래서 개척교회는 전도해야 한다. 그런데 요즘 비신자들은 '교회'라는 단어 자체에 부정적인 생각을 가지고 있다. 또 교인들이 그들에게 잘해줘도 교회에 오게 하려는 목적으로 잘해주는 것이라는 선입관을 가지고 있다. 이런 상황에서 비신자가 교회로 바로 나오는 것은 힘들다.

그런데 가정에서 목장으로 모이기 시작하면 교회라는 이름을 쓸 필요가 없다. '교회'라는 실체가 없으니까 교회에 오게 하려고 잘해준다는 오해를 하지 않는다. 그냥 잃은 영혼이 사랑스럽고 불쌍해서 섬기다가 관계가 형성되면 기쁜 소식(복음)을 나누면 된다. 또 목장을 통해서 지역교회로 인도되기 때문에 비신자들이 교회에 갖는 부담감이 적다.

주변 대형교회의 피해가 적다

개척교회 목회자들의 큰 고민은 교인을 열심히 가르쳐서 일꾼이나 직분자로 세워놓으면 여러 가지 이유를 들어 대형교회로 옮긴다는 것이다. 특히 자녀교육을 위해서는 뒤도 안돌아 보고 교회를 옮긴다. 이런 일이 일어나면 개척 목회자들은 큰 상처를 받는다. 하지만 개척가정교회의 성도들은 다른 교회에 대해 모르기 때문에 비교하거나 판단하지 않는다. 그래서 비신자들로 세워진 개척가정교회 교인들이 교회를 옮길 확률이 아주 적다.

목회가 새롭다

개척교회 목사는 쉽게 피곤해지고, 탈진(burn-out)될 가능성이 크다. 하지만 개척가정교회 목사는 다르다. 처음에는 주로 목사와 사모가 목회의 대부분을 다 맡기 때문에 어려울 수 있지만, 서서히 목장이 분가하면서 진정한 평신도사역이 이루어지기 때문에 탈진될 가능성이 적다. 이렇게 목장분가, 분립개척 등 새로운 패러다임의 목회사역이 펼쳐질 때마다 목사는 새 힘을 얻게 된다. 온전히 잃어버린 영혼에 집중하기 때문에 더욱 하나님을 의지하며 하나님과 동행할 수밖에 없고, 그런 모습 때문에 주변으로부터 순수한 목사라는 칭찬을 듣기도 한다.

또한 간증과 나눔이 넘치고, 건강한 교회를 목회한다는 보람을 느낄 수 있다. 목사와 성도들 모두 행복하다.

성령님의 생명사역을 체험한다

가정교회로 개척한다는 것은 신약교회로 개척한다는 말과도 같다. 이 말은 곧 성령님을 통한 생명사역을 한다는 말이기도 하다. 또 달리 말하면, 하나님의 소원인 영혼구원을, 우리들의 기도와 섬김 그리고 기다림을 통하여 주 성령께서 직접 성취하시는 것이다. 그리고 이러한 성령님의 생명사역으로 개척된 건강한 가정교회들로 인하여 하늘 아버지의 영광이 이 땅에 드러나는 것을 경험할 수 있다. 이런 기름 부으심을 통해 새 힘을 얻어 기쁘고 즐거운 목회를 할 수 있다.

개척교회의 많은 문제가 저절로 해결된다

개척가정교회는 기존개척교회와 비교할 때 영혼구원에 더 집중한다. 단정적으로 말하기는 힘들지만, 이 책에 나오는 사례교회의 목회자들은 영혼구원에 매달렸을 때 경제적인 문제가 해결되는 것을 경험했다. 천영일 목사는 이렇게 간증한다. "아브라함이 롯을 구하기 위해 몇 개의 나라와 싸우러 간 것은 말도 안 되는 얘기입니다. 조카를 구원하기 위해 전쟁터로 갔다는 말은 자신의 목숨을 내놓았다는 말입니다. 이때 기적이 나타났습니다. 자기가 희생했지만 더 복을 받았습니다. 영혼구원이 바로 이런 것입니다. 막혔던 문제를 해결하려고 영혼구원을 한 것이 아닙니다. 그러나 영혼구원을 하니까 문제가 해결되는 것을 경험했습니다."

이처럼 가정교회개척은 교회개척의 현실적인 어려움을 줄이기도 하지만, 더 중요한 장점은 가정교회를 통해 교회개척의 목적인 영혼구원이라는 열매를 더 많이 맺을 수 있고, 성령님의 능력을 체험할 수 있다는 것이다.

새로운 패러다임의 정립: 가정교회를 개척하라

위에서 교회를 개척하려면 가정교회'로' 개척하라고 말했는데, 더 나아가서 가정교회'를' 적극적으로 개척해야 하는 새로운 패러다임의 정립이 필요하다고 생각한다. 왜냐하면 가정교회 개척은 적어도 세 가지 면에서 정당성을 찾을 수 있기 때문이다.

먼저, 예수님은 "그러므로 너희는 가서, 모든 민족을 제자로 삼아서, 아버지와 아들과 성령의 이름으로 세례(침례)를 주고, 내가 너희에게 명령한 모든 것을 그들에게 가르쳐 지키게 하여라"(마태복음 28:19-20상. 새번역)라고 하셨다. 개척가정교회는 성경말씀대로 '가는 목회'이다. 개척교회에 기존신자가 오지 않으니 비신자를 찾아갈 수밖에 없다.

둘째, 개척가정교회는 기성교회가 접촉할 수 없는 사람들을 전도할 수 있다. 뒤에 나오는 사례교회들의 교인들은 주로 가난하거나 가정이 깨졌거나, 알콜중독자 또는 도박중독자 등으로 문제가 있고 소외된 사람들이다. 이런 사람들은 기성교회가 접근하기 어려운 사람들이며, 설령 기성교회에 나갔다고 하더라도 교회에 적응하기 힘들어 대다수가 곧 교회출석을 그만 두었을 사람들이다.

셋째, 하나님의 나라 전체 관점에서 볼 때, 기성교회를 전환할 때 들어가는 에너지를 절약할 수 있다. 기존의 구역모임을 가정교회로 전환함에서 오는 에너지 분출은 기존교회 내의 기득권층의 저항에서 비롯된 것이다. 그러나 개척을 통하여 분출되는 에너지는 기득권층의 저항이 아니기 때문에 낭비가 아니라 새로움을 더하는 것이다.

마지막으로, 이렇게 가정교회가 개척되면서 새로운 생명의 힘을 갖게 되는데, 이러한 생명의 힘은, 전환한 교회에 쌓인 생명의 힘과 맞물려 상승작용을 가져온다. 즉 개척가정교회는 전환을 통해 자리 잡은 가정교회를 더욱 강하게 한다.

4. 개척가정교회가 당면한 문제들

개척가정교회에는 많은 장점이 있다. 이 책의 여러 곳에서 언급했듯이, 가정교회로 개척하면 일반 개척교회보다 전도가 덜 어렵다. 가정에서 개척하면 개척자금이 필요 없기 때문에 경제적으로도 덜 부담된다. 그러나 가정교회로 개척하는 것도 그리 쉬운 일은 아니다. 전도의 어려움과 경제적인 문제 등 개척교회가 공통적으로 가지고 있는 문제들이 여전히 있다. 개척가정교회만이 갖는 독특한 문제들도 있다. 여기서는 경제문제에 대한 원칙과 함께 개척가정교회가 갖는 독특한 문제들을 알아본다.

경제적인 문제

개척하려는 목회자나 개척교회 목회자들이 공통적으로 당면하는 문제가 경제 문제다. 뒤에 소개되는 사례에서 볼 수 있듯이, 경제적인 문제를 대처한 방법은 목회자마다 다르다. 안국철 목사는 본인이 일을 하다가 점점 일을 줄여나갔고, 지금은 거의 자립해가는 중이며, 부족한 부분은 지역모임 목자이셨던 계강일 목사님의 성남 성안교회에서 청주사랑목장이 개척되어 선교후원을 해주어서 보충해 간다. 김기태 목사는 사모가 일하고 목사가 사례비를 조금 받고 있다. 배영진 목사는 초기에는 모교회에서 보조를 받았고 그 이후에는 교회에서 생활을 책임진다.

경제적인 문제에 대한 몇 가지 원칙을 나누고자 한다.

1. 목회자가 세상에서 일을 할 때는 물질과의 영적인 싸움에 주의해야 한다. 목회자나 사모가 일을 하게 되면 물질과 영적인 싸움을 하게 된다. 영혼구원보다는 돈 버는 일이 더 재미있게 될 수 있다. 목회보다는 세상일에 전념하고 싶다는 유혹을 물리쳐야 한다.

2. 장단점을 파악하여 잘 활용해야 한다. 목회자가 일을 하면 교인들의 부담감을 덜 수 있고 비신자와 쉽게 접촉할 수 있는 장점이 있다. 그러나 세상일도 헌신을 요구하기 때문에 목회에 지장이 있을 수 있다. 목적과 수단이 바뀔 위험이 있고 돈의 유혹에도 빠지기 쉽다. 또 직업이 비전문직이면 무시를 당할 수도 있다. 유치원이나 학원을 할 경우 교회를 이용해서 키운다는 오해를 받을 수도 있다. 장점을 적극 활용하고 위험에 잘 대처해야 한다.

3. 결국에는 목회에 전념해야 한다. 개척 초기에는 불가피하게 세상에서 일을 해야 할 경우가 있지만 일을 줄여가다가 결국에는 말씀과 기도와 전도에 더 전념하고 목장에 목숨을 걸어야 한다. 안국철 목사는 하던 영어 과외를 자연스럽게 그만두게 되었을 때 교회사역에 Full time으로 전념하였다.

4. 사례비를 조심해서 책정해야 한다. 비신자들은 목사 사례비에 대한 개념이 약하다. 그래서 사례비를 책정할 때 더 많은 주의를 해야 한다. 초기에 사례비를 책정한다고 하면 교인들이 떠날 가능성이 크다. 그래서 시간을 갖고 무리하지 않는 범위 내에서 교회에 요청해

야 한다. 예를 들어, 안국철 목사는 자신의 아파트에서 예배를 드리던 2004년과 2005년에는 사례비 없이 자비량으로 섬기며 사역하였고 건물을 얻어 나가던 2006년에는 주택비로 매월 20만원을 요청했고, 2008년에 처음으로 생활비 30만원을 요청했으며, 2009년에는 80만원을 요청했다. 이때 "교회사정이 안 되면 안 줘도 괜찮다"는 단서를 달았다. 교회의 재정상황에 맞추어서 무리 없이 요청했으며, 모든 성도들이 공감하고 더 주고 싶어서 안타까워했다고 한다.

김기태 목사는 처음엔 사례비를 전혀 받지 않다가 교회가 성장하면서 20만원에서 30만원으로 그리고 50만원으로 성도들이 납득할 수 있는 금액과 교회 형편에 맞게 조정했다.

5. 선교헌금 등 다른 교회의 도움을 받을 수 있다. 해외에서 선교하는 것만이 선교가 아니다. 미국 남침례교단은 일찍부터 Home Mission Board에서 미국 국내 선교를 했다(지금은 North America Mission Board에서 미국과 캐나다 선교를 담당). 국내에서 하는 선교를 '전도'라고 부른다고 할 때, 가난하고 소외된 자들에게 복음을 전하는 개척가정교회가 국내선교의 최전방에 서 있다고 해도 과언이 아니다. 이런 측면에서 볼 때 기성가정교회의 목장에서 하는 선교에 개척가정교회를 포함하는 것이 바람직하다고 본다. 교회와 교회의 한 목장에서 매월 10만원씩 헌금하면 매달 20만원이다. 이렇게 세 교회가 협력해서 60만원을 도와준다면 개척 초기의 교회에 큰 도움이 될 것이다.

기존신자 문제

기존신자가 올 때 기성가정교회에서는 대체로 다음과 같은 원칙을 적용한다.

1. 같은 지역에서 기존신자가 오는 경우에는 받아 들이지 않는 것을 원칙으로 하되, 현재 출석하는 교회 목사님의 동의서가 있는 경우와 배우자중 한 명이 불신자인 경우 그리고 2년 동안 교회에 나가지 않은 경우에는 받아 들인다.

2. 다른 지역에서 이사 오는 경우 불신자나 영접 여부가 애매한 사람들은 받아 들이되, 구원받은 것이 확실한 사람은 일단 받아 들이지 않는다. 그래도 오기를 원하면 목장 참석과 영접 모임 참석, 그리고 '생명의 삶'[9] 수강을 하는 조건으로 받아 들인다.

이렇게 하는 이유는 크게 세 가지다. 교회를 보호하고, 영혼구원에 전념하며 그리고 다른 교회에 피해를 주지 않기 위함이다.

그러나 개척가정교회의 경우에도 기존신자에 대해 위의 원칙을 적용해야 하는데 기성가정교회와는 상황이 다르기 때문에 지혜롭게 적용해야 한다. 다음 세 가지를 유념하는 것이 좋을 것이다.

1. 개척가정교회는 보호할 실체가 없는 반면 크기가 작기 때문에 기신자가 목회자와 의견충돌 등으로 교회에 분란을 일으킬 확률이 높고 그럴 경우 교회 전체에 치명적인 영향을 준다.

---

9) 가정교회에서 제공하는 '삶공부' 중에서 가장 기본이 되는 성경 공부. 두란노의 큐티지 '생명의 삶'과는 상관이 없음

2. 기신자 관리에 에너지를 뺏기는 것도 사실이지만, 헌신된 기신자가 개척가정교회에서 큰일을 하는 것도 사실이다.

3. 다른 교회에 피해를 줄 가능성이 적다.

정수기에는 세 가지 필터가 있다고 한다. 역삼투압 방식의 필터는 가장 엄격해서 방사능까지 거를 수 있지만 물에 영양분이 남아있지 않다. 미네랄 방식의 필터는 찌꺼기만 거르는 대신 못 거르는 것이 많다. 중공사막 방식의 필터는 역삼투압과 미네랄 방식의 중간이다. 한국의 상수도는 중공사막 방식이나 미네랄 방식으로 충분하다고 한다. 그러나 방사능 오염지역은 역삼투압 방식이 필요하다.

그럼 개척가정교회는 어떤 필터를 사용해야 할까? 역삼투압 방식을 사용하면 일꾼이 들어오기 어렵다. 미네랄 방식으로 무조건 받으면 부작용이 일어날 가능성이 크다.

답은 없다. 교회의 사정과 목회자의 성향에 따라 다른 필터를 써야 한다. 개척 초기에는 기존신자가 가정교회 마인드를 가지고 순수하게 참여하기를 원한다면 꼭 막을 필요는 없다고 생각한다. 빌립보에서도 루디아를 예비하셔서 바울을 도왔다. 그러나 받아 들인다고 결정할 경우에는 부작용을 감수할 각오를 해야 한다. 특히 한 가지, 그룹으로 오는 사람들을 받아 들이는 것은 매우 신중해야 한다. 절대로 받아 들이지 말아야 한다는 것이다.

시너지효과 문제

가정교회의 세 축[10]은 '목장'과 '주일연합목장예배'[11]와 '삶공부'[12]이다. 전환가정교회에서는 이 세 가지 모두 어느 정도 크기를 갖추고 모이기 때문에, 세 축이 서로 보완협력하면서 시너지 효과를 낼 수 있다. 그러나 원형목장 단계에서는 목장과 주일연합목장예배의 참석인원이 거의 같다. '삶공부'도 '생명의 삶'으로 명맥을 이어갈 정도다. 개척가정교회에서는 이런 시너지효과의 제약으로 인해 가정교회가 갖는 파워를 경험하기 힘들다.

기다림의 문제

세미나 컨퍼런스에서는 "원칙대로만 하면 가정교회는 쉽다"고 말한다. 그러나 이것은 전환가정교회의 경우가 많다. 또 그분들이 하는 이야기는 "셀보다는 쉽다"는 얘기일 것이다. "해 보고 결과를 보니 쉽더라"는 얘기일 수도 있다.

---

10) 가정교회의 기초가 되는 네 가지 성경적인 원칙을 네 기둥이라고 한다. 첫 기둥 - 교회 존재 목적(마태 28:19-20) : 영혼 구원하여 제자 만드는 사역, 둘째 기둥 - 제자 훈련 방식(막 3:14~15) : 가르쳐서가 아니라 보여줌으로 제자 만들기, 셋째 기둥 - 교회 사역 분담 원칙(엡 4:11~12) : 말씀 사역자는 기도, 말씀 선포, 성도를 온전케 하고 리더십 발휘에 집중, 성도들은 목양을 하고 교회를 세우기 , 넷째는 - 섬기는 리더십(막 10: 42-45) : 예수님을 닮은 리더십. 이 네 가지는 가정교회의 정신이며, 소프트웨어에 해당한다. 이 네 가지 원칙을 담을 수 있는 용기, 즉 하드웨어에 해당하는 세 가지를 세 축이라고 부른다. 첫째는 인간의 정적인 면을 터치해 주는 목장 모임, 둘째는 지적인 면을 터치해 주는 '삶공부', 셋째는 의지적인 면을 터치해 주는 주일연합예배.
11) 모든 목장 식구들이 주일에 모여서 연합으로 드리는 예배. 일반 교회의 '대예배'에 해당
12) 가정교회에서 제공하는 13주짜리 여러 개의 성경 공부를 총칭하는 명칭. 지식 전달이 아니라 '삶을 바꾼다'는 의미에서 붙은 이름.

그러나 영적인 배경이 없는 분들이 모인 대다수의 개척가정교회는 영적 준비를 하는 데 시간이 걸린다. 또 평신도의 헌신을 보고 배워야 하는데, 개척교회는 배울 선배 평신도 모델이 없기 때문에 늦다. 그래서 이 책에 나오는 모든 목회자가 기다림의 어려움과 중요성을 이구동성으로 거론한다.

기다릴 때 가장 중요한 것은 목회자가 가정교회의 정신을 유지하는 것이다. 여건이 어렵고 변화가 없는 듯 보여도 가정교회의 정신을 유지하고 기다리면 반드시 열매를 맺는다는 것이 이 책에 나오는 목회자들의 공통된 간증이다.

5. 성공적인 개척가정교회를 위한 조언

개척가정교회는 개척교회가 갖는 문제 뿐 아니라 개척가정교회만의 문제들도 있다. 그러나 아래의 조언을 잘 참고하면 불필요하게 에너지를 낭비하지 않으면서 성공적으로 가정교회를 개척하는 데 많은 도움이 될 것이다.

처음부터 원칙을 지켜라

목회자 세미나와 목회자 컨퍼런스[13]에서 '생명의 삶'을 정식으로

---

13) 목회자를 위한 가정교회 세미나에 참석한 목회자들과 사모들이 모여서 후속 삶공부도 속

하는 것이 중요하다. 가정교회를 하다가 실패하는 교회를 보면 '생명의 삶'을 목회자 마음대로 고쳐서 가르친 교회들이 많다. 이것은 비단 '생명의 삶' 문제가 아니라 원칙의 문제라고 생각한다. '생명의 삶'을 포함해서 가정교회의 원칙을 지키는 것이 개척가정교회의 성공을 위해 꼭 필요하다는 얘기다. 이 책에 소개하는 목회자들의 공통점이 있다면 처음부터 원칙을 지켰다는 것이다.

'생명의 삶'을 원안대로 하고, 기본적인 용어와 명칭을 제대로 사용하고, 매주 남녀가 함께 모이고, 선택과 위임의 원칙을 처음부터 잘 지키는 것이 중요하다. 이렇게 원칙대로 하다가 실패해도 좋다는 각오로 시작했을 때 개척가정교회가 더 튼튼히 서는 것을 본다.

성도들과 비전을 공유하라

개척가정교회에는 주로 세상에서 소외되어 외롭거나 건강, 물질 또는 가정적으로 힘든 사람들이 많이 온다. 그들에게 구원받은 삶에 대해 적극적으로 알릴 필요가 있다. 이제는 하나님의 자녀가 되었다는 신분적인 변화 뿐 아니라, 세상에 영향을 끼치며 살 수 있는 거룩한 제사장이 된 사실을 알려서 힘을 실어줄 필요가 있다. 설교나 목회 칼럼, 그리고 수련회를 통해서 끊임없이 성도들과 이런 비전을 공유하는 것이 필요하다.

성수강하고, 가정교회 사례도 발표하고 듣는 모임. 현재 봄가을로 북미와 한국에서 각각 1년에 2회 모임.

미리 경험을 쌓으면 좋다

많은 목회자들이 3년 정도 가정교회를 경험하고 목자생활을 한 뒤에 개척을 했다면 많은 어려움과 부작용을 피할 수 있었을 것이라고 말한다. 개척가정교회 목회자가 원형목장이나 시범목장모임을 어떻게 할지 모르는 수가 많다. 가정교회로 개척하기 원하는 목회자는 세미나와 컨퍼런스 참석은 물론 지역모임에 참석하는 것도 중요하다. 기성가정교회나 개척가정교회의 목원으로 들어가는 방법도 가능할 것이다. 기성가정교회가 분립개척을 계획하고 있다면 부목사나 전도사를 목자로 세우거나, 나아가 초원지기로 삼아서 초원째 분립개척하는 방법도 가능할 것이다.

가정교회의 resource를 적극적으로 이용하라

개척목회자 중에는 새로운 것을 배우기 위해 세미나에 적극적으로 참여하는 분들이 있다. 반면에 여러가지 사정 등으로 세미나에 참석하지 못하는 분들도 있을 것이다. 어떤 경우든지, 선택과 집중을 권하고 싶다.

될 수 있으면 다른 외부 세미나의 참석을 자제하고 가정교회 모임에 집중하기를 권한다. 특히 목회자 컨퍼런스와 지역모임에 적극적으로 참여하는 것이 중요하다.

이외에도 평신도를 위한 세미나와 컨퍼런스에 참여하면 좋다. 앞서 개척한 개척가정교회 목회자를 초청해서 자체 가정교회 세미나를 제공하거나 평신도를 초청해서 간증집회를 갖는 것도 필요하다.

행정을 소홀히 하지 말라

개척교회에서는 행정이 별로 필요하지 않지만, 처음부터 '가정교회 360'의 도입을 적극 권장한다. 또 홈페이지를 만들어서 성도들 간의 교제의 장소가 되게 하고 목회자와 성도간 소통의 장소가 되게 하면 교회가 정착하는 데 큰 도움이 된다.

VIP를 목자로 세우는 것이 고비다

기신자가 목자가 되는 기간보다 VIP를 전도해서 목자로 세우는 기간이 당연히 오래 걸린다. 그 고비를 넘기는 것은 쉽지 않다. 이것을 VIP를 목자로 세우지 못하면 가정교회로 서지 못하기 때문에 이 고비를 넘기는 것이 아주 중요하다.

천영일 목사는 캐나다에서 다섯 개 목장의 목자를 VIP만으로 세웠다. 천영일 목사에 따르면 다섯 개 목장이 무너지지 않았던 이유는 기다리고 기다리고 기다렸기 때문이라고 한다. 인원이 많아져서 분가할 필요가 있어도 기다렸다고 한다. 강요하지 말아야 한다. 강요하면 무너지기 쉽다는 것을 기억해야 한다.

목자를 신중하게 세워야 한다

혹자는 섬기려는 마음만 있으면 목자로 세우라고 한다. 그러나 개척가정교회는 다르다. 전환교회에는 훈련된 기존신자들이 많기 때문에 섬기려는 마음만 있으면 그들을 목자로 세워도 된다. 또 보고 배울 모델이 많기 때문에 목자가 되고 나서 훈련을 받을 기회도 많다.

그러나 개척가정교회는 VIP들이 목자가 되기 때문에 기본적인 영성이 부족하다. 또 보고 배울 모델이 마땅히 없다. 그래서 목자를 신중하게 세워야 한다.

위임의 정도가 다르다는 것을 기억하라

가정교회의 훌륭한 원칙 중의 하나가 목자에게 목장의 목회를 전적으로 위임하는 것이다. 목사는 목자를 관리하는 사람이 아니라, 하나님께서 목자에게 맡기신 사역을 목자가 잘 감당하도록 기도하는 역할을 한다. 대신 목사는 행정을 철저하게 챙겨서 목자를 돕는다. 그러나 이것은 전환교회에 해당되는 얘기이다. 개척가정교회나 개척 초기의 교회는 다르다.

교회사적으로 적용해 보면 전환교회는 사도행전적인 교회관을 갖는다. 그러나 개척가정교회나 개척 초기의 가정교회는 복음서적인 교회관을 가져야 한다. 즉 예수님(담임목사) 중심으로, 예수님의 말과 행동을 보고 배우게 하여, 제자들(목자들)을 키워나가야 한다. 그래서 교회가 점점 세워질수록 제자들(목자들) 중심의 사도행전적인 교회로 자리를 잡는 것이다. 당연히 사도행전적인 교회로 자리 잡을수록, 더욱 과감하게 위임하고 담임목사는 기도와 말씀에만 전념하게 된다.

그런데 개척가정교회나 개척 초기의 교회에서 다음의 몇 가지 경우에는 위임의 정도를 다르게 적용할 수 있다. 첫째, 개척가정교회의 목자가 아직 영적으로 약해서 목원들을 잘 돌보지 못할 때이다. 이때는 목자에게 아버지의 역할을 기대하는 것이 아니라 형의 역할을 기대해야 한다. 선생님이 학생들을 가르치는 것이 아니라, 2학년이 1학년을 가르치는 경우와 비슷하다고 보면 된다. 둘째, 목사와 목자의 관계가 깊을 때이다. 목사가 전도한 사람이 목자가 되었기 때문에 목사와 목자 사이에 신뢰가 깊으므로 목사가 목원들을 돌보더라도(care) 목사와 목자 간에 마찰이 적다. 셋째, 교인이 적을 때이다. 이때는 목사가 목자와 목원을 동시에 돌볼 시간과 에너지가 있다. 이렇게 처음에는 목자와 더불어 목원을 돌보는 것이 목자의 사역을 위해서도 필요하다.

결국 개척가정교회에서는 목자를 세운 뒤에도 목사가 목자와 목원을 동시에 돌봐야 할 필요가 있다. 이 경우 다음과 같은 방법을 쓰면 좋다.

1. 기성교회에서는 목자가 요청하면 목사가 같이 심방한다. 목자를 독립적으로 세우기 위함이다. 그러나 개척가정교회에서는 목자가 요청하기 전에 먼저 목사가 목자에게 심방을 요청할 수 있다.

2. 원형목장에서 목원을 돌보았듯이(care) 계속해서 목자를 돌보아야 한다. '확신의 삶'[14]을 목자와 일대일로 공부하기를 권한다.

---

14) 가정교회에서 제공하는 1:1로 갖는 성경 공부

3. 단계적으로 위임 정도를 높여간다. 이렇게 형 모델로 단계적 위임을 하다 보면 완전위임으로 나아갈 수 있을 것이다. 그러나 목사가 영육 간에 힘들 것을 각오해야 한다.

특별한 이유가 없다면 목회자나 사모가 목장을 계속하라

적어도 목장이 네 개 정도가 되어 초원을 이룰 때까지는 원형목장이 분가하고 나서도 목자를 계속하기를 권한다. 개척가정교회는 지도자가 적기 때문이다. 이렇게 하면 목회자의 자원을 활용할 수 있을 뿐 아니라, 나중에 세워질 목자들이 목회자와 사모의 모임방법이나 헌신을 보고 배울 수 있다.

사모의 역할이 크다는 것을 기억하라

개척가정교회는 사모의 역할이 매우 크다. 그만큼 할 일이 많다. 일반교회개척에서 요구되는 일 이외에도 가정교회이기 때문에 할 일들이 있다. (원형)목장의 목녀 역할을 해야 하고 목녀를 care해야 하고 초원지기 아내로서의 역할도 있고, 연합목장모임을 위해서도 섬긴다. 그래서 역할을 분담하여 부엌일 같은 사역은 빨리 다른 사람에게 위임하는 것이 중요하다.

6. 개척가정교회 지원 방법

개척가정교회는 어렵다. 그러나 개척가정교회 목회자들이 연합(개가연)하여 네트워크를 통해 어려움을 나누고 서로 돕고 격려하면 큰 힘이 될 것이다. 또 기성교회가 개척가정교회를 도울 수 있다. 그리고 가사원 차원에서도 지원이 가능할 것이다.

네트워크 형성

교회개척은 이 세상에서 주님의 몸을 일으키는 일이기에 한 지역에서 일어나는 움직임 이상의 의미를 가져야 한다. 그런데 개척목사는 마치 사막의 한가운데 홀로 놓여있다는 생각이 들 때가 많다. 이런 의미에서 '개척가정교회목회자연합'(개가연)이 필요하다.

개가연이라는 네트워크를 통해, 영혼구원을 위한 생명사역이 한 지역교회의 소수 무리의 움직임 이상이라는 것을 확인할 수 있다. 하나님께서 이 지구촌의 영적 지형을 바꾸어 놓는 데에 우리를 크고도 요긴하게 사용하고 계신다는 것을 확인할 수 있다. 한반도의 9천만 한민족과 해외의 700만 디아스포라 한민족을 사용하셔서 영적 지형을 뒤바꾸어 놓으시는 하나님의 크신 손길을 느낄 수 있다. 영혼구원에 목숨을 내어놓은 한 개척자를 주목하시는 하나님을 함께 바라볼 수 있다.

개가연의 유익을 적어본다:

1. 개척을 준비 중이거나 개척 초기의 목사들에게 사례제공 및 실질적인 도움이 된다.

2. 개척목사들이 서로 동질감을 가짐으로써 상대적인 박탈감(빈곤감)을 물리칠 수 있다.

3. 하나님께서 영적 지형을 바꾸시는 데에 요긴하게 쓰임 받고 있음을 늘 주지하게 한다.

4. 신약교회 회복의 새로운 에너지가 우리를 통하여 분출되고 있음을 서로 확인하게 한다.

기성가정교회가 목장을 통해 개척가정교회를 지원할 수 있다

예를 들어, 목장이 분가할 때 분가된 목장이 하나의 개척가정교회를 선교지로 삼아서 영적, 물질적 지원을 할 수 있을 것이다. 이미 몇몇 교회에서 시행하고 있는 것으로 알고 있다. 지원하는 목장이 정해지기 전까지는 교회 차원에서 어느 정도 지원할 수 있을 것이다.

위에 거론한 개가연이 형성되면 개가연 차원에서 개척교회를 소개할 수도 있고, 지역모임에서 주관할 수도 있다. 물론 개교회에서 정할 수도 있다.

교회를 개척하려는 목회자를 개인적으로 도울 수 있다

주위의 교회를 개척하려는 목회자에게 가정교회를 소개하고, 최영기 목사님의 책을 제공하고 목회자 세미나 참석을 독려한다. 그 교회를 방문하여 자체 목자 세미나나 집회를 제공한다. 형편이 되면 개척교회 목회자가 목회자 세미나나 목회자 컨퍼런스에 참석할 때 참석 비용을 제공할 수도 있다.

'목장 인턴십'을 통하여 교회적으로 도울 수 있다

2장에서 이야기한 분립개척을 통해 도울 수 있다. 젊은 목회자가 교회를 개척할 때 갖는 인적 자원, 물적 자원, 그리고 경험 부재로 인한 시행착오라는 세 가지 치명적 문제를 해결하는 방법이 바로 목장 인턴십이다.

젊은 목사가 기존가정교회에서 부교역자(혹은 무직분)로 있는 시간 동안 담임목사의 지도 아래 목장을 개척해 보는 기회를 주는 것이다. 혹은 목원으로 들어가서 목장을 경험해 보고 분가할 때 목자가 되어 목자를 경험하게 한다. 목자가 된 후 비신자만 전도해서 계속 분가를 한다. 분가한 목장을 합쳐서 초원을 이룰 때쯤 개척하게 한다.

이렇게 개척이 이루어지면 교인들은 교회개척으로 인한 뿌듯함과 기쁨을 누리며 결국 그것은 온 교회에 유익이 된다. 새로운 교회탄생은 교회 전체의 축복이다. 또한 이러한 개척은 부교역자가 사임하고 개척할 때 생기는 '교인 이동' 또는 '교인 이탈' 문제로 생길 수 있는 갈등 요소가 없다.

분립개척은 젊은 교역자에게 새로운 교회개척의 비전과 꿈을 가질 기회를 준다. 막대한 개척비용 때문에 감히 꿈도 꾸기 힘든 이시대의 상황이지만 분립개척은 개척비용을 걱정할 필요가 없다. 인적 자원에 대한 부담도 없다. 이미 자신의 목장의 목원들과 함께 시작할 수 있기 때문에 크게 자신감도 갖게 된다.

담임목사에게도 큰 유익이 된다. 먼저 자신의 목회사역에서 하나님의 교회가 탄생하는 것에 대한 감사가 있다. 담임목사의 지도 아래 부교역자와 사모가 목자와 목녀로 목장사역 하는 기간 동안, 담임목사는 부교역자가 목자로서 영혼구원 사역에 사명과 열정과 열매가 있는지를 확인하고 지도하여 좋은 가정교회가 만들어지는 열매를 맺게 된다.

개척목회자를 위한 별도의 목회자 세미나, 컨퍼런스, 평신도 세미나를 제공한다

가정교회로 개척하는 것은 전환과는 많이 다르다. 가정교회가 추구하는 정신(Spirit)과 방향은 같지만, 출발점과 과정과 결과가 다르다. 그래서 궁극적으로 개척목사들을 위한 별도의 세미나와 컨퍼런스가 필요하다고 생각한다.

예를 들어, 개척가정교회는 전환가정교회의 시스템대로 따라 하기가 힘들다. 개척가정교회는 인원이 적어서 전환가정교회처럼 역동적인 예배를 드리지 못한다. 전환가정교회처럼 여러 개의 '삶공부'를 동시에 개강할만한 인적자원도 없다. 개척가정교회는 '생명의 삶' 하나 하기도 벅차다. 전환가정교회의 목장도 시간이 지나면서 자리 잡은 것이다. 즉, 개척가정교회에서는 이런 세 가지 축이 제대로 세워지지 않는다. 이런 이유로 전환교회 중심인 세미나와 컨퍼런스가 가정교회로 개척하고자 하는 목회자에게 유익을 제공하는 데에는 어느 정도 한계가 있다고 본다. 개척가정교회는 어떻게 시작해야 하는지, 어떤 길을 걷게 되는지 가정교회 세미나에서는 풍부하게 경험하기 어렵다. 가정교회가 갖는 정신과 방향을 이해하고 큰 도전을 받을 수는 있겠지만, 개척가정교회 목회자가 구체적이고 실질적인 정보를 많이 체득하기는 그리 쉽지 않다는 것이다.

그래서 우선 목회자 컨퍼런스에서 별도의 심포지엄을 할 수 있다. 혹은 '가정교회로 개척하는 법'이라는 컨퍼런스 강의를 제공할 수도 있다. 그리고 점차 1년에 한 차례 정도 독자적인 목회자 컨퍼런스를 제공할 수 있다. 개척가정교회가 어느 정도 크기가 되면 평신도 세미나를 개최하고, 나아가 목회자 세미나도 제공할 수 있다.

이 외에도 다른 지원방법이 있을 것이다. 가정교회가 개척되도록 기존개척교회와 전환교회가 힘을 합하여 돕겠다는 마음만 있다면 좋은 결실을 맺을 거라고 확신한다.

7. 결론

우리는 목사로 부름 받았다. 그런데 아예 처음부터 목회를 하지 않았거나, 아니면 목회를 하다가 실패하여 목회를 그만둔 목사들이 많다. 이 책에 소개되는 목회자들도 이들이 가정교회를 하지 않았다면 이들 역시 목회를 몇 년 해보다가 중간에 그만두었을 것이라고 공통적으로 말한다. 그러나 이들은 목회사역의 초점을 오직 하나님의 비전인 영혼구원에 두었기 때문에 때로는 어려움이 찾아와도 지금까지 목회를 계속할 수 있었다고 본다.

수평이동이든 흡수통합이든 외형적 교회성장이 미덕이 된 교계의 상황과, 소비자가 되어 버린 많은 교인들, 그리고 기독교 배척으로 인해 교회개척이 거의 불가능한 이 시대에는, 어렵고 소외된 사람들에게 '가서' 사랑을 실천하며 복음을 전할 수 있는 가정교회가 개척의 적합한 대안이다. 이미 많은 교회들이 가정교회로 개척할 수 있다는 것을 보여주고 있다. 많은 VIP들이 목자로 서고 있다. 그리고 VIP가 목자가 된 목장이 분가도 하고 있다. 멀지 않은 미래에 가장 성경적이고 건강한 가정교회의 모습을 개척교회에서 찾을 수 있을 것이다.

개척가정교회가 서기 위해서는 기성가정교회의 도움이 필요하다. 우리는 모두 먼저 '교회의 성장'이 아닌 '하늘나라의 확장'에 관심을 가져야 한다. 예수님께서 그분의 고난과 십자가에 대해 말씀하셨을 때 이를 반대하는 베드로와 제자들에게 예수님은 이렇게 말씀하

신다: "너는 하나님의 일을 생각하지 않고, 사람의 일만 생각하는구나! 누구든지 나를 따라오려거든 자기를 부인하고 제 십자가를 지고 나를 따라오너라"(마 16:23하-24. 새번역). 혹시 우리가 교회를 하나님의 일이 아닌 사람의 일로 보고 있지는 않는지 생각해 보아야 한다. 교회의 성장과 프로그램에 초점을 맞추면서 교회가 목적이 되어버린 것은 아닌지 살펴 보아야 한다. 우리는 지금 내가 섬기고 있는 교회를 넘어서 하나님 나라를 보아야 한다. 바로 지금 우리 목회자들에게 "누구든지 나를 따라오려거든 '교회'를 부인하고 제 십자가를 지고 나를 따라오너라"는 말씀이 필요한지도 모른다. 이때 우리 교회가 반석(말씀) 위에 세워진 교회가 될 줄로 믿는다.

더 많이 주는 교회가 더 건강해지고 더 많이 공급받는다. 이것은 성경에 나오는 약속이다 (고후 9:7-8). 우리는 목장선교헌금을 통해서 개척가정교회를 도울 수 있다. 분립개척을 통해 개척가정교회를 세울 수 있다. 지원개척을 통해 하나님 나라를 확장할 수 있다.

개척가정교회 목회자들에게 말씀드린다. 결국 "하나님께서 나에게 무엇을 시키려고 하시는가?" 이것이 관건이다. 목회자마다 다를 것이다. 그러나 그것을 찾아야 한다.

개척가정교회 목회자들에게 외롭고 힘든 기도의 시간이 있었다. 눈물겨운 희생이 있었다. 그러나 진부하게 들릴지 모르지만 결국에는 하나님께서 일하신다. 이 책에 나오는 모든 목회자들이 하나님의 역사를 간증한다. 목회자를 빚어 가시는 성령님의 기름 부으심을 간증한다. 그들은 순종함으로 교회를 인도하시는 하나님을 따라갈 수 있었다. 이어 나오는 사례에서 느끼시기 바란다.

뒤에 한국과 북미에 있는 일곱 개의 개척가정교회 사례가 있다. 각 사례에는 가정교회로 개척(하늘문교회는 전환)하기 전의 상황과 가정교회로 개척(전환)하게 된 계기가 적혀 있다. 각자 계기가 다르지만, 기존교회에 대한 문제의식과 바른 목회에 대한 열망과 건강한 교회에 대한 간절함이 있었다. 이어서 가정교회로 개척(전환)한 과정이 자세하게 나와 있다. 가정교회를 하면서 어떤 어려움을 겪었고, 그 어려움을 어떻게 극복했는지, 그리고 그 결과로 지금 교회 모습이 어떤지 보여준다. 그들은 공통적으로 모두 행복하다고 고백한다.

'주바라기교회 개척이야기'에서 천영일 목사는 북미 캐나다에서 이민자들을 대상으로 가정교회를 개척한 이야기를 적고 있다. 천영일 목사는 캐나다에 와서 신학을 공부하고 부목사로 섬기고 난 후, 담임목사로 청빙자리를 찾다가 교회를 개척한 경우다.

교회개척을 고려했지만 개척멤버와 개척자금이 없어서 엄두를 내지 못하다가 개척멤버와 개척자금 없이 교회개척이 가능할 것 같아서 가정교회를 시작했다. 기존교인 없이 시작했기 때문에 비신자들을 찾아다니면서 관계를 맺고 가정으로 초대해서 목장으로 모였다. 목장에 참석해도 보통 일 년이 지나야 주일에 교회에 나오는 등 너무 긴 기다림에 지치기도 했지만, 그들이 예수님을 영접하고 변화 받는 것을 경험하면서 힘을 얻었다. 순수하게 100퍼센트 비신자들로 시작해서 교회를 이루고, 그들이 목자가 되어서 목장을 섬기는 단계에까지 왔다.

이제 사역 2기를 맞아 VIP로 세워진 목장이 분가하는 것을 위해 애쓰고 있다. 개척교회로서 많은 어려움이 있지만, 가정교회이기 때문에 맛볼 수 있는 기쁨과 보람이 있음을 자랑한다.

'참사랑교회 개척이야기'에서 김기태 목사는 한 번 개척에 실패한 후, 신약성서적인 바르고 건강한 교회의 모델을 찾던 중 가정교회를 알아 개척한 후에 행복한 목회를 하고 있다고 고백한다. 셀교회를 먼저 배웠지만, 엉성한 가정교회가 오히려 전도에 효율적이고 더 바르고 성경적이라고 확신하고 가정교회에 올인한다.

개척교회라는 태생적인 한계 뿐 아니라 열악한 교인들의 여건 때문에 목장으로 모이기가 쉽지 않았지만, 처음부터 원칙대로 시작했고 원형목장에서 목사와 사모가 열심히 섬기는 한편 전도에 집중한 결과 성령님의 기름 부으심을 통해 교회가 잘 정착되고 있다. 실질적인 과정과 당면했던 문제들, 그리고 그 문제들을 극복한 과정들이 상세히 적혀 있다. 참사랑교회는 기적을 통해 전도의 열매가 맺어지고 있고, 특히 소외되고 상처받은 사람들의 안식처가 되었다.

'하늘문교회 이야기'에서 배영진 목사는 기존교회로 개척하고 2

년이 지난 후 개척교회 상태에서 가정교회로 전환한 이야기를 한다.

기존교회에서 경험하고 느낀 문제를 극복하기 위해서 교회를 개척하려고 했고, 그 교회를 통해 바른 목회와 건강한 교회를 추구하는 새로운 목회를 시작하려고 했다. 개척의 어려움을 경험하던 시기에 청빙의 제안이 있었지만, 하나님의 소원을 바라고 하나님만 의지함으로 믿음의 훈련을 통과하고 개척자금의 문제도 해결되었다. 그러나 상가개척교회의 한계를 절감하고 관계전도에 힘쓰던 중 가정교회를 알게 되었다. 원래 가정교회 마인드를 가지고 있던 차에 그 마인드를 채울 그릇을 만난 셈이다.

그러나 가정교회로 전환한 뒤 여러 가지 혼란과 어려움을 겪었다. 시범목장의 중요성을 간과해서 시범목장을 하지 않았고, 위임에 대한 오해 등이 주된 이유였다. 이것이 상황이 다른 개척교회가 전환교회를 좇아서 하다가 생긴 결과임을 나중에 깨달았다. 이런 과정을 통해 문제점을 발견하고 극복한 후, 지금은 행복한 목회를 하고 있다.

'포커스교회 이야기'에서 이동근 목사는 '교회가 뭐지?'라는 교회에 대한 고민이 개척으로 이어진 이야기를 나눈다. 정식으로 설립예배를 드리기 전에 가정에서 아내와 두 아들과 함께 예배를 드리는 가운데 박종국 목사(다운공동체교회)를 통해 가정교회를 소개받았다. 이후 최영기 목사님의 책을 통해 이론적인 부분들을 알게 되었고 개척지역모임(용인 하늘문지역)에 참여하여 실제적인 모습들을 조금씩 알아가기 시작했다. 이후 목회자 세미나를 다녀와서는 본격적으로 지역모임에 참여하여 가정교회를 시작하게 되었다.

개척자금과 개척멤버 없이 그야말로 맨땅에 헤딩하는 개척이었지만 처음부터 가정교회를 만나게 되어 시행착오를 많이 줄일 수 있었다. 포커스교회 개척이야기의 특징이 있다면 아이들과 함께 시작한 목장이다. 포커스교회는 어린아이들을 전도하여 이들과 함께 교회를 시작하였고 이 아이들과 함께 원형목장을 시작하였다. 차츰 아이들의 부모를 목장에 초청하여 함께 나눔을 하게 되었고 이후 청년들과 청소년들이 목장에 합류하게 되어 원형목장은 엄청난 활기를 띠게 된다.

개척 후 4년이 된 지금까지 세례(침례) 받은 교인이 18명(7월 5일까지)이며 현재는 장년목장 2개와 청년 싱글 목장 2개 그리고 청소년 목장 1개가 있다. 어린이 목장은 장년 목장에서 지금도 활발하게 진행되고 있다. 어린이들과 함께 개척을 한 이동근 목사는 어린아이들이 보배라고 고백한다.

'시냇가교회 이야기'에서 권영만 목사는 청빙을 통해 목회에 성공하려는 보통(?) 목사에서 잃은 영혼을 위해 교회를 개척한 계기와 과정을 나눈다. 권영만 목사는 교회 개척은 꿈에도 생각해 보지 못하다가 심장병을 가지고 태어난 둘째 아들로 인해 부부가 같이 잃은 영혼을 향한 하나님 아버지의 마음을 깨닫고 잃은 영혼을 섬기기 위해 교회개척을 결심한다. 마침 찾아온 미국 유학생활 중 휴스턴 서울교회를 통해 개척교회의 모델을 찾게 된다.

한국으로 돌아와 이전부터 알던 세 가정과 월세 아파트에서 원형목장과 교회를 시작했는데 이때 심한 조울증을 앓는 사람 등 섬기기 힘든 이웃들을 섬기면서 권영만 목사 가정과 성도들이 영혼구원에 대한 간절함과 섬김의 방법을 배워갔다. 개척 후 1년 6개월이 지난 후에 18평 상가로 교회를 이전하고, 다시 2년 정도 흐른 후 48평의 상가로 이전했는데 잃은 영혼이 구원받는 열매를 맛본다. 이러는 중에 사모의 탈진으로 위기가 찾아와 3년 동안 고생했지만 오히려 목장과 교회가 더욱 견고하게 되는 은혜를 체험하게 되었다.

권영만 목사는 가정교회 정신이 어떻게 개척교회의 상황에 적용될 수 있는지에 대해 귀한 경험을 나눈다. 어떻게 보면 너무나도 당연한 말이지만, 권영만 목사는 성경에 근거한 가정교회의 원칙에 충실했고 주님의 소원인 영혼을 구원하여 제자 삼는 일을 붙잡았을 때 하나님이 시냇가 교회를 세우신 과정을 자랑하고 있다.

'시드니 새생명교회 이야기'에서 호주 시드니 새생명교회의 강승찬 목사는 '열심이 특심'인 목사가 세운 교회의 이야기를 풀어준다. 부목사 시절부터 건강한 교회에 대한 비전을 가지고 열심히 교회를 섬겼고, 특히 제자훈련을 통해 열심히 양육했지만 훈련받고 변화된 성도들이 얼마 되지 않고, 다시 원점으로 돌아가는 등 성도들의 삶이 지속적으로 변하지 않고 재생산이 잘 이루어지지 않는 것에 대한 한계를 느끼게 된다. 이런 고민을 가지고 성경적인 교회에 대한 탐구를 하였고, 부목사 때 2007년 휴스턴 서울교회에서 있었던 목회자를 위한 가정교회 세미나에 참석하여 해답을 찾게 된다. 처음엔 섬기던 교회 담임목사님께 건의하여 부목사로 섬기던 교회가 가정교회로 전환하여 재생산이 되었으면 좋겠다는 생각으로 접근했다. 그러나 기도하던 중 시드니에 영혼구원하고 제자삼는 교회, 신약교회를 회복하는 교회가 필요함을 깨닫고 개척을 결심하게 되었고 부교역자로 섬겼던 교회를 사임하고 교회를 개척했다. 이때 이전 교회에서 아이들을 포함해서 약 20명(청장년 약 12명) 정도가 개척에 동참하였다.

개척 이후 몇 단계로 나누어서 단계별로 자신의 마음가짐과 일어났던 결과를 나누는데, 그의 개척목회를 짧게 요약하면 선택과 집중이라고 할 수 있다. 개척 1~2(3)년 차에는 가정교회의 매뉴얼에 집중하여 담임목사의 섬기는 종의 리더십과 가정교회의 세 축을 세우는 데 집중했고, 개척 3~4년차 즉, 개척 멤버들이 가정교회에 대하여 긍정적인 태도를 갖기 시작하고 섬기는 종의 리더십으로 섬기기로 헌신하고 영혼구원의 열매를 맛보게 되었을 때부터는 교회 일꾼을 세우는 데 집중했으며, 개척 5~6(7)년 차에는 다른 교회를 섬기는 데 집중했다. 끝 부분에서는 개척하려는 목사님들에게 보석처럼 귀한 세 가지 조언도 들려준다. 강승찬 목사의 훌륭한 점은 집중하면 정말 올인하여 열심을 쏟아 붓는다는 것이다. 땅덩이가 큰 호주와 뉴질랜드에 있는 여러 교회를 자비량으로 섬긴 것은 물론, 목회자 세미나와 평신도 세미나, 그리고 목회자 컨퍼런스와 평신도(목자) 컨퍼런스를 개최하며 섬겼다.

시드니 지역 목회자들이 서로 연합하여 지역모임이 활성화 되고 가정교회가 확산되게 된 것은 강승찬 목사의 하나님 앞에서 섬기려는 마인드와 성경적인 교회를 세워보려는 열정의 결과다. 독자들은 그의 글에서 그의 저력을 느낄 수 있을 것이다.

'사랑의교회 이야기'는 목회자로 소명을 받아 목사가 되었지만, 교회에서 보이는 암담한 모습 속에서 목사 아닌 교인으로서의 자신의 정체성에 대해 심각한 의문을 가지고 있던 안국철 목사의 가정교회 개척이야기이다.

하나님께서 주신 분명한 소명과 부정적인 교회에 대한 생각이 서로 싸우던 중, 대안학교의 교목자리로 갔으나, 오히려 더 실망하고 목회 자체를 포기했다. 먼저 좋은 교인이 되기로 결심하고 평신도로 살아가던 중에, 사모가 외롭고 힘든 사람들을 섬기고 그들과 대화를 나누면서 자연스럽게 친해져 간다. 이러는 과정에서 이웃들과 신뢰가 쌓였고 진정한 이웃이 된다. 가정교회를 알게 되면서 이들과 가정에서 예배를 드리기 시작했고, 매일 모였던 모임이 자연스럽게 '매일' 모이는 목장모임이 되었다. 이런 과정에서 개척가정교회가 아니면 안 될, 어려운 환경속에 있는 사람들이 전도되는 경험을 한다. 이런 과정이 무척 힘들 법도 한데, 정작 자신들은 힘든 줄 모른다고 하면서, 그 이유로 성령의 도우심과 인도하심으로 영혼이 구원받고 치유되는 게 너무 기쁘기 때문이라고 한다. 지금은 세상일을 그만 두고 초원지기의 마음으로 Full time으로 사역하고 있다. 이제는 평신도들을 세우는 것이 관건이라고 한다.

Part 02

가정교회
개척 이야기

교회 하나, 주바라기교회 이야기 / 천영일 목사

교회 둘, 참사랑교회 이야기 / 김기태 목사

교회 셋, 하늘문교회 이야기 / 배영진 목사

교회 넷, 포커스교회 이야기 / 이동근 목사

교회 다섯, 시냇가교회 이야기 / 권영만 목사

교회 여섯, 시드니 새생명교회 이야기 / 강승찬 목사

교회 일곱, 사랑의교회 이야기 / 안국철 목사

교회 하나,
주바라기교회 _ 천영일 목사

나는 기독교 가정에서 자랐다. 교회에서 고등부 회장까지 했지만 예수님을 인격적으로 만나고 영접한 것은 고등학교 3학년 때 수양회에서다. 그때 뜨거운 마음에 목회자가 되겠다고 서원했는데, 얼마 지나지 않아 곧 서원한 것을 후회했다. 그러나 서원을 취소할 길이 없어, 아니 후환이 두려워(?) 사당동 총신대학 신학과에 지원했다.

총신대에 들어가서 하나님이 나의 길을 인도하셨음을 알았고, 이 길이 나의 소명임을 깨달은 후 대학 4년과 대학원 3년의 신학과정을 마쳤다.

1995년도에 언어연수 및 유학을 위해 캐나다 밴쿠버에 들어가 ACTS Seminary에서 MTS(Master of Theological Studies)를 마치고, 기존

이민교회에서 5년 동안 부목사로 사역하다가 2002년도에 주바라기교회를 개척하여 2003년도에 창립예배를 드렸다.

1. "목사님들은 세미나를 보내면 안 돼."

가정교회를 만나다

사실, 교회를 개척하기 전에는 가정교회로 개척하려는 의도가 아니었다.

그런데 막상 교회를 개척하려고 하니 어떻게 개척을 해야 할지 막연하였다. 그러던 중, 2002년 휴스톤 서울교회에서 개최된 12차 목회자 가정교회 세미나에 참석하게 되었다. 세미나에 가서 보니 가정교회는 비신자(VIP) 영혼구원을 추구하는 교회였다. 따라서 기신자 개척멤버가 없어도 교회개척이 가능했다. 아니, 정확히 말하면 개척멤버가 없는 것이 당연하다.

세미나에 다녀온 후 나는 당장 목장모임으로 교회를 시작하고 싶은 마음이 생겼다. 마음만 앞서 보이는 나를 향하여 아내는 "하여튼 목사님들은 세미나를 보내면 안 돼." 하면서 빈정거리곤 했다. 그때만 해도 목회자 가정교회 세미나를 아내 없이 혼자 다녀왔기 때문에 아내는 가정교회가 뭔지 몰랐다. 나중에 알았지만 가정교회 목회자 세미나는 반드시 목회자 부부가 함께 참여하여 같은 비전을 품고 시작하는 것이 중요하다.

아무튼 세미나에 다녀와서 우리 집에서 목장모임을 아내와 시작한 것이 가정교회 개척원형목장이 된 것이다.

"VIP를 모십니다."

주변머리가 없어서 그런지 몰라도 개척멤버도 없고, 개척자금도 없었기 때문에 나는 가정교회(목장)가 너무 좋았다. 나는 닥치는 대로 교회를 다니지 않는 VIP를 목장에 초대하기 시작했다. 그런데 목장에 초대해서 밥만 주면 몰려들 줄 알았는데 생각처럼 그리 쉽게 사람들이 모이지 않았다. 내가 바보 짓 하는 것 같다는 생각이 들었다. 그러나 지금 생각하면 바보 짓이 오히려 주바라기교회를 세우는 데 중요한 초석이 되었다.

가정교회 개척을 준비할 때, 내가 개척멤버 없이 교회를 개척하겠다고 말했더니 어느 목사가 "말도 안 되는 소리 하지 말라"며 "개척멤버 없이 교회를 시작하는 목사가 어디 있느냐"고 소리를 쳤다. 그러나 개척멤버도 없고 개척자금도 없었던 것이 오히려 주바라기교회가 가정교회로 설 수 있는 원동력이 되었다. 이 사실이 나도 그저 놀랍기만 하다. 가정교회로 개척하는 데 꼭 필요한 것은 많은 돈이나 사람이 아니라 영혼에 대한 뜨거운 사랑과 열정이었다.

2. 전도 안하는 목사가 전도를 하다

"이게 뭐하는 짓인가?"

나는 거의 평생을 교회에서 살아온 목사다. 고등학교 졸업과 동시에 신학대학에 입학해서 공부한 후, 지금까지 목회의 길만 걸어왔다. 제자훈련도 받고 YWAM 훈련도 받고, 전도폭발 임상훈련까지 끝마쳐 자랑스런(?) 자격증도 받았다. 그러나 나에게 영혼구원은 늘 설교 시간에만 외쳐대는 웅변에 불과했다. 나는 이미 구원 받은 교회 안의 교인들을 훈련시키는 것이 나의 사명인줄 알았다. 나의 물질과 시간, 정열의 대부분을 교회 안의 직분 맡은 분들과 관계하는 데 사용했다. 실제로 나의 삶은 교회 밖의 믿지 않는 사람들과는 어떤 연결점도 없었다. 그러고 보니 실제로 믿지 않는 사람들과 개인적인 감정을 나누고 삶과 기도제목을 나누며 인격적인 관계를 맺는 일을 해 본 적이 없는 것 같다. 잃어버린 영혼구원은 구호와 설교 속에만 있었고, 전도의 열매는 물론 없었다.

그랬던 내가 목장사역을 시작하면서 믿지 않는 사람들과 사랑의 관계를 맺는 법을 배웠고, 자연스럽게 영혼구원의 열매를 경험하기 시작했다. 그 전까지는 비신자(VIP)를 직접 전도한 경험이 없었기 때문에, 비신자들이 예수를 영접한다는 건 전도집회 또는 특별 간증집회에서나 있을 수 있는 사건처럼 생각했는데, 나의 목장사역 속에서 실제로 구원의 열매와 결실들을 보기 시작한 것이다.

기존 기독교 분위기에만 익숙해 있던 나에게, 처음 목장을 통해 관계하기 시작했던 VIP들은 이방인 같았다. 함께 모여 삶을 나누려고 VIP들을 목장에 초대했더니 그들은 신앙과는 전혀 상관없는 세상 이야기들만 하다 갔다. 매주 목장이 끝날 때마다 저녁 준비로 고생한 아내를 바라보면서 '이게 뭐하는 짓인가' 하는 허탈한 마음이 들기도 했다. 기존교회에서 사역할 때 보았던 구역예배나 속회와는 달라도 너무 다른 모습이었다. 기존 신앙인(집사나 권사, 장로)들과 모였다면 최소한 서로 은혜로운 이야기들을 나누었을 것이기 때문에 식사 대접이 그처럼 아깝지는 않았을 것이다.

목장이 좋다고 어른이고 아이들이고 조금씩 모여들었지만, 서너 달이 지나도록 교회 나오라는 말이 좀처럼 입 밖으로 나오지 않았다. 그 사람들이 '드디어 속이 보이는구나'라고 생각하고 그나마 목장에 오지 않을까 걱정이 되어 혼자서 끙끙 속앓이만 했다. 그렇게 몇 달이 지나 더 친밀해졌을 때, 나는 그들을 교회에 초청하기 시작했고, 드디어 목장에 나온지 1년쯤 되자, 한두 명 씩 교회 모임에 발을 딛기 시작했다. 나는 아마도 오랫동안 받은 거한 저녁식사 대접에 대한 예의로 한두 번 와주는(?) 인사치레일 거라고 생각했다.

나는 그들에게 교회를 잘 소개하고, 사람들을 두세 명씩 모아서 '생명의 삶' 공부를 시작했다. 놀라운 사실은 이렇게 아무 것도 아닌 것처럼 보이는 목장모임[15]을 통해서 서로가 인격적인 신뢰의 관계를 맺게

---

15) 일주일에 한 번 이상 평일에 모이는 목장 식구들의 정기 모임

되고, 이유야 어떻든 교회에 나와 '생명의 삶' 과정을 거치면서 한 사람씩 예수님을 영접하였다는 사실이다. 그중 한 사람은 굉장한 불교 신자로, 보살(기독교로 말하면 권사나 장로)이었는데, 우리 목장모임에 나와 예수님을 영접하고 지금은 목자로 섬기고 있다. 뿐만 아니라 교회에서 반주자로도 헌신적으로 봉사하고 있다. 그 목자의 남편도 목장에 참여한지 5년 째 되던 해 '생명의 삶' 공부를 하는 동안에 예수님을 영접했고 이제는 온 가족이 열심히 주님을 섬기고 있다. 이 가정은 일일이 나열할 수 없는 귀한 가정 중 한 가정에 불과하다. 철저한 무신론자, 교회 비판론자, 교회와 일평생 전혀 관계없이 살아온 많은 영혼들이 주바라기가정교회 사역을 통해 예수님을 영접했고, 지금도 이러한 역사들이 목장사역을 통해 일어나고 있다. 목장사역을 통해 나는 평생 동안 교회 문턱조차 밟아 보지 않은 사람들이 주변에 너무 많다는 사실을 알았다.

나는 기존교회를 사역하면서 전혀 경험하지 못했던 영적인 변화들을 체험하면서 목장사역에 온 힘을 쏟았다. 그리고 그때 얻은 영적인 열매는 목장사역의 원동력이 되었다. 언뜻 보기에는 엉성해 보이는 이 목장사역을 통해 VIP 영혼이 예수님을 영접하고 변화되니 나도 신기했다.

VIP 전도

지역의 상황과 목회자의 특징에 따라 각기 다를 수는 있겠지만 그래도 내 경험이 도움이 될 것이기에 전도 경험을 나누고 싶다.

1. 가정교회의 목회는 기존신자가 아닌 비신자들의 영혼구원에 초점을 둔다. 기존신자들 외에는 자발적으로 가정교회의 목장이나 교회를 찾는 사람들이 거의 없다. 비신자들을 찾아나서야 하는 이유가 바로 여기에 있다. 이곳 캐나다에서 쉽게 접촉할 수 있는 비신자들은 대부분 이민 초기의 사람들이다. 따라서 교회를 개척하는 목사와 사모는 이민사회에서 살아가는 지혜와 상식이 많아야 하고, 영어는 잘하면 잘할수록 유리하다.

예를 들어, 이민 온 자녀들의 학교생활, 하우스 렌트나 구입, 이민사회 한인 구성원, 의료제도와 각종 보험, 자동차 구입에서 수리까지, 필요한 물건을 구입할 수 있는 장소, 상담, 라이드 등 도움이 될 수 있는 각 분야의 정보나 상식은 새 이민자들, 특히 비신자들을 만나 관계를 맺을 수 있는 좋은 계기가 될 수 있다. 비신자들이 목장에 참여할 수 있도록 길을 여는 데는 이러한 정보제공과 섬김(도움)이 필요하다. 그렇지 않고 그 사람들이 목장에 참여한다는 것은 쉽지 않다.

감사한 것은, 기존신자들은 도움을 받아도 어떤 부분에서든 자신과 맞지 않으면 도움을 받은 것과 상관없이 다른 교회를 찾아 떠나지만, 비신자들은 신앙과는 상관없이 도움을 준 사람에 대해서 감사하고 의지하는 경향이 크기 때문에 쉽게 목장과 교회를 떠나지 않고 잘 적응한다.

2. 나는 비신자(VIP)들을 주로 학교 주변에서 만날 수 있었다. 학교는 한인 이민자를 만날 수 있는 가장 좋은 장소다. 자녀들을 픽업할 때 자녀와 부모를 확인하고 기성신자인지 비신자인지를 확인한 후에 비신자들의 안면을 익혀간다.

이민자들은 이민사회 정보도 필요로 하고, 이민생활이 낯설고 외롭기 때문에 새로운 사람에 대해 크게 거부감을 갖지 않는다. 그들과 어느 정도 안면을 익힌 뒤에 자연스럽게 대화하며 "외로운 이웃끼리 식사 한 번 하자"고 하면서 집에 초대한다. 물론, 목장모임이라고 말하지는 않는다. 막상 와보면 다른 사람들이 있음을 알게 될 것이다. 그리고 그 VIP는 목원들이 부르는 호칭으로 당장 내가 목사임을 알게 될 것이다. 그러나 그곳에 모인 목원들 자체가 자신과 비슷한 비신자들이기 때문에 금방 적응한다.

목장모임에서 신앙적 색채가 너무 짙으면 비신자들이 목장모임에 어울리기가 쉽지 않을 수 있다. 그래서 개척단계에서는 목원들의 신앙 수준을 높이려고 서두르거나 애쓸 필요가 없다. 괜히 급하게 신앙 수준을 높이려고 안달하면 오히려 여러 가지 부작용이 생겨 VIP가 정착하기 어려울 수 있다. 서로 허물없이 지낼 수 있는 관계가 될 때까지는 될 수 있으면 친목관계로만 유지하는 것도 미래의 단단한 목장을 만들기 위한 방법이 될 수 있다. 몇 명의 정예요원(목장마니아)이 형성될 때까지는 지켜봐 주는 것이 필요하다.

3. 목장에서 발걸음을 교회로 떼기까지 걸리는 시간은 개인마다 다르다. 어떤 사람들은 한두 달 사이에 교회로 나오는 사람이 있는가 하면, 1년 이상 교회와 상관없이 목장모임에만 참여하는 사람들도 있다. 중요한 것은 당장 교회에 나가자고 push해서는 안 된다는 사실이다. 교회에 나오지 않는다고 죄책감을 갖게 해서도 안 된다. 자진해서 교회 나가고 싶은 마음이 들 때까지 기다려 주어야 한다.

가정교회에서는 목장도 교회이기 때문에 연합목장예배에 참여하지 않아도 그리 서두를 것이 없다고 생각한다. 나는 오히려 목장모임에 참여하는 시간이 길면 길수록 교회 정착률이 높다는 사실을 발견하였다. 서둘러 교회로 나오는 목원이 서둘러 교회를 떠나는 경우가 많았다. 그러므로 길게 보고 1년이든 2년이든 자진해서 교회에 나올 때까지 기다려 주어야 한다. 가정교회의 힘든 점은 기다림이다. 그러나 기다림만큼 중요한 것도 없다. 가정교회 목회자에게 기다림의 영성은 가장 중요한 영성 중의 하나다. 집 나간 아들이 돌아올 때까지 1년이고 10년이고 대문을 열어놓고 기다리는 아버지의 마음, 그 마음이 목사의 마음이고 목자의 마음이고 목녀의 마음이어야 한다.

4. 교회에 참여하는 한 사람 한 사람을 모아서 '생명의 삶' 공부에 참여하게 했다. 주바라기교회는 이 '생명의 삶' 과정을 통해 정착할 수 있었다. 12주 과정이기 때문에 일단 시작을 하면 3개월 동안은 교회에 와야 하고 성경공부를 해야 한다. 그러니 자연스럽게 지속적으

로 교회에 나오게 되는 것이다.

'생명의 삶'을 공부하는 3개월 동안 '삶공부' 후에 저녁식사를 대접했다. 지금은 목장별로 섬기지만 처음 몇 년 동안은 우리 집에서 저녁식사를 대접했다. 그들은 온 가족이 저녁식사까지 해결하고 돌아가는 것이 너무도 큰 섬김을 받는 것이라 여기는 것 같았다. '생명의 삶' 졸업식 때는 교회에서는 졸업패와 꽃다발을 준비하고, 교회의 온 식구들은 '생명의 삶' 과정을 마친 VIP에게 선물도 주며 진심으로 축하해 주었다.

이런 거창한 축복과 섬김에 대부분의 VIP들이 감격의 눈물을 흘렸다. 우리는 그들이 지금까지 세상 어디에서도 이런 축하를 받아 본 적이 없을 만큼 그들을 섬기고 진심으로 축하해주고 기뻐한다. 그 후에 있는 세례(침례)식도 마찬가지다. 이런 장면을 직접 눈으로 본 새로온 VIP들은 자기들도 꼭 '생명의 삶'에 참여하고 싶어 한다. 이런 과정을 하나씩 밟아온 식구들이 주바라기교회를 세워가고 있다.

3. 세 가지 의문, 기다림으로 풀리다

'가정교회로 개척해서 교회가 서겠는가?'

처음 목장사역을 시작하면서 VIP들이 목장모임에 오는 것과, 그들이 교회에 오기까지는 긴 시간이 필요했기 때문에 제일 먼저 '과연 가정교회 사역을 통해 교회가 서겠는가?' 하는 의문이 들었다. 솔직히 말하면, 시간이 흐르면서 교회가 서지 않을 것 같은 불안감이 강하게 밀려왔다.

일반적으로 사람들은 교회를 개척한 지 2년이 지나면 교회사역을 계속해야 할지, 아니면 그만 두어야 할지 알 수 있다고 말한다. 이 사람들의 평가기준으로 본다면, 가정교회로 개척하는 대다수의 목사들은 개척 후 2년 만에 교회 문을 닫아야 할 것이다.

그러나 가정교회들이 교회 문을 닫지 않고 지금까지 사역할 수 있었던 것은 가정교회가 외형으로 번듯해 보이는 교회를 세우려고 한 것이 아니라, 오직 영혼구원을 위해 목장사역을 해왔기 때문이라고 생각한다. 나도 개척 당시에는 영혼구원 생각 외에는 아무것도 없었다. 그러나 개척 목회자는 3~4년 동안 아니, 그보다 더 긴 시간 동안 교회가 세워질까 하는 의심이 들 수도 있다는 것을 각오해야 한다.

'비신자(VIP)가 예수 믿고 목자와 목녀로 헌신할까?'

교회에 나올 것 같지 않던 목원들이 서서히 교회에 참여하면서 '가정교회로 개척해서 교회가 서겠는가?' 하는 의문이 해소되기 시작했다. 그런데 VIP들이 교회까지는 나왔지만 교회생활 자체가 생소한 사람들이 과연 '목자와 목녀로 헌신할까?' 하는 또 다른 의문이 들기 시작했다.

나는 교회에 나온 목원들을 목자와 목녀로 세우기 위해 다른 교회의 목자 목녀를 초청해 간증집회를 열었다. 그런데 알고 보니 대부분 강사로 초대된 목자 목녀들은 모두 이미 기존 교회에서 신앙생활을 했던 사람들이었다. 기존신자들이 가정교회사역을 만나 도전받고 목자로 헌신해 사역하고 있었던 것이다. 이 사실을 알고 난 후 나는 목장 사역을 통해 예수님을 믿은 VIP들을 목자로 세운다는 것은 가능하지 않을 것 같은 생각에 다시 낙심이 되었다. 그때 나는 '내가 길을 잘못 들어선 게 아닌가?', '아내 말대로 정말 세미나를 가는 게 아니었나?' 등 별 생각이 다 들었다.

목장을 통해 오랜 기간을 기도하며 VIP들을 모으고, 그들을 교회까지 인도했지만 '목자 목녀가 없는 가정교회가 가능한가?' 하는 생각에 마음이 답답했다.

개척 초기에는 VIP 한 영혼이 목장에서 교회까지 발걸음을 떼는 데 적어도 1년 반 정도가 걸린다. 그리고 VIP들이 교회 왔다고 당장 '생명의 삶' 공부에 참여하지 않았다. '생명의 삶' 공부를 시작하기까지 적어도 6개월을 기다려야 했다. '생명의 삶' 공부는 3개월 과정이다. 그러면 '생명의 삶' 공부를 통해 예수님을 영접하고 세례(침례) 받기까지 족히 2년 3개월이 걸린다. 그런데, VIP들이 세례(침례) 받았다고 좋아라 하고 다 목자 목녀로 헌신할까? "Absolutely Not!"이다. 또 기다림의 시간이 필요하다. 이렇게 보면 목자 목녀로 서는 데 최소한 3년이 걸린다. 한 번에 다 몰려오는 것도 아니고, One by One, 한 명씩 한 명씩 오는 데 '이렇게 해서 언제 목자 목녀들이 서며, 이들을 통해 교회를 세워갈 수 있을까?' 하는 것이 의문 중의 의문이었다.

그러나 이것은 나의 쓸데 없는 기우였다. 하나님의 특별한 은혜로 한두 명씩 목자와 목녀로 헌신하기 시작했고, 5~6년이 지나면서 5개 목장과 목자 목녀들이 세워졌다. 이렇게 두 번째 의문의 고개가 넘어가기 시작했다. 가정교회로 개척해도 교회가 세워지며, 일반 기존교인 중에 헌신된 직분자들도 감당하기 버거운 목자 목녀 사역에 VIP로 시작한 초신자도 헌신하여 사역할 수 있다는 것이 개척가정교회의 희망이다.

'믿음의 기반이 약한 목자 목녀가 분가해 내겠는가?'

분가는 가정교회가 VIP의 예수 영접과 함께 하나님께 드릴 수 있는 가장 아름다운 열매가 아닐까 생각한다. 사실, 우리 교회도 그동안 분가를 경험하지 못한 것은 아니다. 하지만 분가 후 실패하여 다시 합치는 일들이 있었다. 일 년에 한 목장에서 서너 번의 분가를 했다는 다른 교회 목자들의 간증을 듣노라면 그 목자는 분명 이미 기독교 배경 속에서 있다가 가정교회를 만나 헌신하는 사람임에 틀림없다는 생각이 든다. VIP로 시작한 분들과 함께 목회하는 나로서는 마냥 부러울 따름이다.

그러나 목장만 붙들고 있어도 감사하다. 현재 5개 목장에 목자 목녀들이 있지만 영혼을 섬기는 수고와 애씀을 통해 분가해 낼 때까지 나는 또 기다릴 것이다.

4. 영혼사랑이 힘이다

기다림의 영성

개척 3년이 될 때까지도 내세울만한 평신도 목자나 목원들이 없었다. 이렇게 성도들이 없으면 자신과 교회가 한없이 작아보이고, 마치 목회에 실패했다는 생각이 든다. 목매고 바라 보는 아내와 가족들, 그리고 교회 식구들 보기가 민망할 정도다. 아무나 목회하는 것이 아니라는 자괴감도 든다.

개척가정교회 사역 중에 가장 큰 어려움은 비신자가 목장에 참여하고, 교회까지 와서, 예수님을 영접하고, 사역자로 서기까지 긴 시간을 기다려야 한다는 것이다. 가정교회의 전반적인 사역은 기다림인 것 같다. 목장사역을 위해서는 무엇보다 VIP와 관계를 맺고 그 관계를 발전시켜 사역자가 되는 동안 기다려야 하는 기다림의 영성이 필요하다. 이것은 가장 어려운 일이지만 가장 중요한 일이기도 하다.

한 영혼에 초점을 두고, 그 한 영혼이 예수님을 만나 하나님의 자녀가 되는, '하늘나라'라는 큰 그림을 가지고 섬김의 사역을 감당할 수 있다면 긴 기다림은 헛되지 않을 것이다.

경제적 어려움이 복이어라

비신자를 전도하여 개척하는 가정교회의 또 다른 문제는 재정문제다. 교회의 재정이 어려우니 목회자 개인의 경제적 어려움 또한 자동으로 따라온다. 우리 교회는 대부분 유학생들과 유학생 부모 그리고 갓 이민 온 사람들이 많다. 아버지는 한국에 기러기아빠로 따로 살고 엄마와 아이들만 캐나다에 와서 사는 사람들도 있다. 그들은 낯설고 물선 외국생활에 적응하기 바쁘고 대다수가 불안정한 삶을 살고 있다. 특히, VIP들은 모두 초신자들이기 때문에 헌금을 일반 사회 모임의 회비 정도로 생각한다. 따라서 교인수가 어느 정도 증가할 때까지는 교회뿐만 아니라 목회자 가정은 경제적으로 여전히 힘들 수밖에 없다.

청빈론이나 청부론 같은 것을 논하는 것이 사치로 느껴질 만큼 경제적으로 어려울 수도 있다. 때로는 일터로 나가야 하는 상황도 생긴다. 그저 성도들이 사는 사회를 경험하기 위해 나가보는 것이 아니다. 바울이 Tentmaker로 자비량 사역자였기 때문에 그를 모델 삼아 목회와 일을 겸해서 사역해 보겠다는 큰 비전과 꿈도 아니다. 당장 오늘 전기가 끊기기 때문이고 아이들 학비가 없기 때문이다. 가장으로서 가족의 생계를 책임져야 하기 때문에 어쩔 수 없이 세상 속의 일터로 몰린다. 이러한 상황 속에서 목회자는 더욱 하나님을 의지할 수밖에 없다. 순간순간 하나님과 동행하는 삶이 된다. 이보다 더 큰 복이 어디 있을까?

또 교인들의 위로도 힘이 된다. 교회 구성원 전체가 VIP로 예수님을 영접한 분들이기 때문에 목회자가 사회에서 일하면서 목회하는 것을 세속적으로 보지는 않는다. 열심히 일하는 것이 자연스럽고 오히려 보기 좋다고 말하기도 한다.

건강은 필수

가정교회로 개척하여 목장으로 교회를 시작할 경우, 비신자를 만나 관계를 형성하고 그들을 돌보며, 양육하는 모든 일을 목회자와 사모가 감당해야 하므로 목회자 부부는 건강해야 한다. 개척멤버가 없는 생개척은 맨 땅에 헤딩하는 것과 같다. 기존교인들이 모이는 것도 아니고 행여나 세상 속에 있던 거친 사람들과 만나 사역을 하다보면 상처도 받을 수 있다. 또 1~2년의 원형목장 사역으로 힘든 목장사역이 끝나는 것도 아니다. 매주 30여 명이 넘는 식구들이 모여서 먹고 교제하며 놀다 간 자리는 핵폭탄이 터진 자리 같다.

아무리 목사고 사모지만 육체적으로 힘겹기 마련이다. 건강하지 않으면 개척가정교회 사역은 더욱 힘들어진다. 그러나 다행히 목회자 자녀들이 목장사역을 이해하고 헌신하면 훨씬 수월해질 뿐만 아니라, 온 가족이 하나님의 영혼구원 사역에 동참하는 동역자로서의 의미도 있다. 따라서 목회자 가정은 가족 모두 영적 건강뿐만 아니라 육체적으로도 건강해야 한다.

성장에 대한 갈등

목장이나 교회가 성장하지 않을 때는 갈등이 있을 수 있다. 자신이 무능해 보이기도 하고, 아내와 자녀들 보기도 민망하다. 어느 날, 몇 년을 지켜본 큰 아들이 나에게 "아빠가 목사가 아니었으면 좋겠다"고 말했다. 가난이 싫었던 것이다. 다른 집과 비교해 보니 아들 눈에 우리 집은 너무 가난해 보였을 것이다. 아빠가 목회하지 않고 다른 일을 하면 잘 살 것 같은 생각을 한 것 같다.

어느 목회자가 성공과 부흥을 싫어하겠는가? 나도 교회가 부흥해서 성공의 자리에 서고 싶은 목회자다. 가능성이 없어 보일 때는 정말 이대로 계속 해야 할지 말아야 할지 갈등도 생겼다. 목회자는 그나마 괜찮다. 소명이 있어서 시작했기 때문이다. 하지만 사모는 다를 수 있다. 목회자 옆에서 사모만큼 헌신하는 평신도가 어디 있을까? 그러나 그런 헌신과 희생에도 불구하고 결과가 없을 때 낙심하는 모습을 바라보는 목회자의 마음은 너무 아프다. 이런 과정들을 넘어야 한다.

물론, 목회자에 따라 능력의 차이가 있다는 것을 부인하지는 않는다. 그러나 나의 경험으로 볼 때, 개척가정교회 목회자는 일단 성장과 부흥이라는 것 자체에 대한 미련을 버리고 순수한 마음으로 한 영혼을 사랑하여 그 영혼을 믿음 안에서 세워간다는 간절한 소망을 가지고 시작하고 또 사역을 지속해야 한다. 그래야 좌절과 절망의 늪에 빠지지 않고 지속적으로 목장사역을 할 수 있다. 교인 배가가 목회자의 비전이 되지 않아야 한다. 성경대로 '한 영혼을 바라보는 하나님의 비전'을 품어야 한다. 그리고 '나의' 교회성장이 목표가 되지 않아야 한다. '하나님 나라' 확장이 목표가 되어야 한다.

5. 보람과 기쁨

보람 있고 행복하다

개척가정교회가 너무 힘들다고 겁을 주었나? 하지만 결코 힘겨움과 아픔, 상처와 고통만 있는 것이 아니다. 아픔보다 주님이 주시는 위로와 축복이 더 크다.

나는 목회자 컨퍼런스에서 전환교회 목회자들의 사례발표를 들으며 가정교회 개척의 장점을 보기 시작했다.

내가 가정교회를 한다고 했을 때, 교인들이 반대하거나 교회를 떠나지는 않았다. 비신자들은 다른 목회자의 설교, 다른 교회의 프로그램이나 조직 등을 비교하지 않는다. 특별히 가정교회는 사람 때문에 절망하거나 상처 받을 확률이 기존교회보다는 적다. 목회자는 교인들끼리 서로 상처주고 상처받아서 속상하기보다는 변화되지 않는 영혼 때문에 속이 상할 경우가 훨씬 많다. 이 때문에 목회자는 하나님께 눈물로 기도하지 않으면 안 된다.

VIP들은 경험해 보면 알겠지만 신앙은 없을지 몰라도 의리는 있다. 가끔 신앙도 없고, 의리도 없는 기존교회의 교인들을 보면 인간의 생각으로 섭섭한 마음이 든다. 그들은 이런 이유 저런 이유로 쉽게 교회를 옮겨 다닌다. 대부분 거의 자신들의 유익과 편의를 위해서다. 그에 비하면 개척가정교회의 VIP들은 의리 짱이다. 교회를 옮기는 것을 배신이라고 생각하고 정말 특별한 경우가 아니면 떠나지 않았다.

그리고 가정교회로 개척하면 '성가대', '전도회' 등 용어문제로 고민할 일이 없다. 기존교회에서 가정교회로 전환할 때 많은 목회자들이 조직을 새로 편성하는 것 때문에 힘들어하는 것을 본다. 하지만 개척가정교회는 무너뜨릴 것도 없고 통과해야 할 제직회나 당회도 없다. 개척가정교회는 조직 자체가 단순하다. 그리고 용어선택 문제 때문에 머리 아플 일도 없다. 모든 건축의 기초공사가 중요하듯이 개척가정교회 자체가 기초가 되기 때문에 뼈대를 세우고 벽과 지붕을 올리면 된다.

기존교회에서 목회하다 보면 기존교인들이 왔다가 무엇이 맘에 안 드는지 그 다음 주에는 오지 않는 사람들이 있다. 이런 일들이 반복되면 교인들이 자신들의 교회에 무슨 문제가 있는 것이 아닌가 하고 의아해 한다. 그러나 개척가정교회는 기존신자가 왔다가 떠나도 교인들이 신경 쓰지 않는다. 어차피 가정교회가 비신자 전도중심인 것을 충분히 알고 있기 때문이다. 오히려 교인들이 가정교회의 목회가 순수하다며 목회자를 칭찬하기도 한다.

나는 최근에 아예 교회 간판도 떼어 냈다. 지나가다가 교회 간판을 보고 들어올 수 있는 가능성조차 없애기 위해서다. VIP들을 전도하고 섬기는 목장사역에 더욱 집중하고, 그 목장을 통해서만 교회에 올 수 있도록 만든 제도적 장치인 셈이다. 그래야 목자와 목녀들의 사역에 힘이 될 것 같다.

성령님의 역사를 체험한다

부끄럽지만 나도 가정교회로 개척하기 전에는 기존교인들만을 대상으로 사역했다. 이미 천국백성이 된 사람들을 이리 몰고 저리 몰고 다니며 관리만 했다고나 할까? 하나님 나라의 천국백성을 만들려고 지금처럼 온 맘과 정성을 들여 섬기지는 않았다. 교회 안에 이미 모인 사람들에게 말씀을 가르치고 그들만 데리고 행사도 하고 관계를 이어갔다. 솔직히 생고구마 같은 비신자에게 내가 직접 다가가 관계를 맺고 마음을 나누어 본 적이 없는것 같다. 그래서 비신자가 예수를 영접하고 변화되어간다는 것이 어떤 것인지 나에게 별 감흥이 없었다.

그런데 가정교회로 개척하여 내 자신이 직접 비신자들과 접촉하며 관계하는 목장사역을 하며 사람들이 변화되는 것을 보면서 살아계신 하나님의 역사 하심에 놀라고 있다. 치유의 역사 뿐만 아니라 여러 성령의 역사가 일어났다. 한 영혼이 주님을 영접하고 변화되는 모습이 진정 성령의 역사임을 보면서 이 사역에 헌신하는 내 자신이 이제야 진정한 목회자가 된 기분이다.

VIP들은 순수하다

VIP들이, 이제 순수한 목회자를 만났으니 목회자를 도와서 생명사역에 힘쓰자고 나섰다. 사실은 내가 순수한 것이 아니다. 기존신자들은 개척교회를 찾아오지 않기 때문에 내가 비신자들을 대상으로 목회하는 것이다. 내가 연구해 보니 기존신자들이 개척교회를 찾아 올 확률이 5퍼센트도 되지 않았다. 어쩌다 왔다 해도 한 번뿐 다시 오지 않는다. 그래서 오히려 비신자를 전도하는 편이 낫다 싶어 집중한 것뿐인데 교인들이 순수하다며 힘을 실어준다. 교인들이 순수한 것이다.

전교인의 간증과 나눔이 자연스럽다

우리 교인들은 가식이 없고 솔직하다. 부끄러운 나눔도 숨기지 않는다. 처음 목장모임에서부터 그랬다. 가정교회로 전환한 교회에서 겪는 목장사역의 어려움 중에 하나가 나눔일 것이다. 기존교인들은 나눔에 익숙하지 않다. 혹시, 나눔시간에 했던 말 때문에 소문이 돌지 않을까 하는 염려로 목장의 나눔 시간을 부정적으로 볼 수 있다. 이것 때문에 목자나 목회자들이 힘들 수도 있다.

하지만 개척가정교회는 다르다. 얼마 전에 두 형제와 함께 가정교회 집회에 간 적이 있었다. 이분들이 집회에서 간증을 했는데 목장사역과 가정교회 사역에 대해 너무도 확신 있게 간증하는 것을 보고 나는 놀라지 않을 수 없었다. 왜냐하면 이분들은 가정교회 평신도 세미나에 다녀온 적도 없었고, 내가 개인적으로 가정교회에 대해서 설명해준 적도 없었기 때문이다. 그런데도 이분들은 가정교회 사역에 대해서 너무도 잘 이해하고 있었다. 아마 목장사역을 경험하면서 이런 것들을 습득했기 때문일 것이다.

대형교회의 영향을 받지 않는다

기존의 교회개척이 비신자가 아니라 기신자에 초점을 맞추어 사역하기 때문에 더 어렵다는 것을 주변의 개척교회 이야기를 들으면서 알게 되었다. 기신자들이 좀 시간이 흐르면 이런 저런 이유로 주변에 있는 대형교회로 옮겨가기 때문이다. 이때 목회자는 큰 낙심과 좌절감을 맛본다. 하지만 가정교회로 개척하여 VIP들을 세우면 주변에 아무리 크고 프로그램이 좋은 교회가 있다고 할지라도 교회를 쉽게 옮기지 않는다. 주바라기교회는 아직까지 다른 교회로 옮겨간 교인이 한 명도 없다.

하나님이 기뻐하시는 사역

나는 빈손으로 주바라기교회를 시작했다. 목회의 실패와 성공의 기준이 무엇인지 모르겠지만, 겉으로 보기에 실패한다 하더라도 밑질 것이 없다고 생각한다. 내가 하나님의 비전을 따라 영혼구원을 위해 최선을 다했기 때문이다.

목회자는 교회의 교인이 줄거나, 교회가 부흥하지 않으면 낙심하기 쉽다. 힘들어 보이는 나를 위로하려는 의도로 아내는 가끔씩 "처음부터 나 혼자 밖에 없었는데…" 하면서 내가 들을 수 있도록 혼잣말을 한다. 그 말은 아내의 의도대로 나에게 위로와 격려가 된다. 그런 아내가 안돼 보여 나도 "맞어. 어차피 빈손이었어."라고 말한다. 그렇게 우리는 서로를 위로하고 힘을 주며 여기까지 왔다.

교회를 부흥시키고 성장시킨 목회자는 분명 능력 있는 목회자다. 참으로 큰 복을 받은 분들임에 틀림없다. 하지만 작은 교회 목회자와 큰 교회 목회자에 대한 하나님의 상급의 크기도 비례할까? 큰 교회에서 이미 천국백성이 된 천 명, 만 명의 기신자들을 관리한 목회자와, 교회를 개척해서 지옥으로 달려가는 열 명, 백 명의 영혼들을 찾아 사랑으로 섬기며 예수님께 인도하고 예수님을 주님으로 영접하게 한 목회자에 대해서는 어떠실까?

6. 21세기 교회개척의 대안: 가정교회

내가 만일 가정교회로 개척하지 않았다면 나는 교회개척을 포기했을지 모른다. 생명사역, 예수님을 믿지 않는 새로운 영혼들에게만 초점을 두니 매년 새로운 마음으로 사역하게 된다. 지금 우리 교회에는 5개의 목장에 목자 5명, 목녀 2명, 목부[16] 2명, 예비목자 2명이 주바라기교회를 섬기고 있다. 처음부터 성장과 부흥이 초점이 아니었기 때문에 짧은 기간에 교인이 많이 늘지 않아도, 또 경제적으로 힘들어도 포기하지 않고 사역하다 보니 주님께서 이런 귀한 열매를 주셨다.

흔히들 이 시대에 한국에서 일반개척교회로 성서적인 교회를 회복

---

16) 여성인 목자의 남편

한다는 것은 거의 불가능하다고 말한다. 그러나 나는 그에 대한 가장 좋은 대안으로 가정교회 개척을 적극 추천한다. 이 확신 있는 선포를 위해 오늘도 주바라기교회는 애쓰고 있다.

교회 둘,
참사랑교회 _ 김기태 목사

참사랑교회는 처음부터 가정교회로 개척한 교회가 아니다. 첫 개척에 실패하고, 오직 하나님이 기뻐하시는 바르고 건강한 교회를 위하여 신약 성서적 교회정신과 원칙에 충실한 가정교회로 다시 일으킨 교회다.

나와 참사랑공동체는 가정교회를 만난 후 비신자 전도에 집중하면서 하나님께서 함께 하시는 은혜를 많이 경험했다. 내가 가정교회를 만나지 않았으면 어땠을까 생각하면 지금도 아찔하다. 지금 나와 우리 성도들이 맛보는 이 행복을 놓쳐버렸을 것이기 때문이다. 나는 지금 너무 행복한 목사다.

1. 불행한 목사, 행복한 목사가 되다

바닥을 친 목사

목회자로서의 자질도 부족하고 훈련도 제대로 받지 못한 나는 목회에 대한 설계도 없이 열정 하나만 가지고 개척에 뛰어들었다. 개척 초기에는 영성 있는 목회를 하겠다고 결심하고 영적인 교회를 세우려고 집중하였다. 그런데 나중에 목회 외적인 일에 바빠지면서 목회에 집중하지 못했다. 교회에 여러 가지 어려움이 닥쳐오더니 결국 나는 목회의 바닥을 치는 아픔을 겪어야 했다.

그래서인지 지금도 나는 개척목회자를 보면 가슴이 뭉클하고 눈물이 핑 돈다. 앞으로 그 목회자에게 어떤 아픔과 어려움이 닥칠지 짐작이 가기 때문이다. 그러나 나는 그에게 속으로 갈채를 보낸다. 그의 선택은 최선의 선택이며 곧 그도 지금 내가 누리는 자유와 행복을 누릴 것이기 때문이다.

신약교회를 찾아서

첫 개척목회를 실패했지만 나는 기존교회의 담임목사로 갈 생각은 없었다. 오히려 하나님께서는 더욱 분명하게 개척목회에 대한 소원을 강하게 주셨다. 개척목회가 사명이라면 정말 이젠 하나님이 기뻐하시는 신약성서적인 바르고 건강한 교회를 세우고 싶었다. 그래서 신약성서적인 분명한 그림을 가지고 건강한 목회를 하고 싶었기에 내가 그린 교회의 모델을 찾기 시작했다.

2. 행복한 목사 행복한 성도

가정교회를 만나다

나는 다시 교회개척을 계획하며 셀교회에 대해 연구했다. 교회 개척에 대한 갈급한 마음에 빚을 내어 셀교회 세미나마다 참석했다. 셀교회 전 과정과 NCD 세미나에도 참석했다. 남들은 복잡해서 어렵다던 셀교회가 나에겐 딱 맞는 옷을 입은 것처럼 너무 쉽고 좋아 보였다. 그런데 셀의 형태를 결정하지 못하고 한참을 고민하던 중 최영기 목사님의 책을 통해 가정교회를 알게 되었고, 2003년 18차와 2004년 20차 목회자 세미나에 참석하였다.

그런데 내가 보기에 그 당시 가정교회는 셀교회에 비해 매뉴얼과 여러 부분에서 너무 단순하고 엉성해 보였다. 특히 내가 생각하는 파워풀한 셀모임 분위기에 비해 가정교회의 목장모임은 동네 아줌마들이 모여서 잡담하는 것처럼 보여 매우 실망스러웠다.

그런데 목자의 섬김을 통해 목자의 마음이 읽혀지면서 내 마음에 스치는 생각이 있었다. 내가 생각하는 파워풀한 셀모임은 비신자들에게는 광신자들의 모임 같아 보일 수도 있고, 너무 낯설고 부담이 되어 다시는 오고 싶지 않은 모임일 수 있겠다는 생각이었다. 그에 비해 목장모임은 내가 보기에 엉성해 보여도 비신자들에게 오히려 부담 없는 편안한 모임이 될 수 있을 것 같았다.

비신자를 전도하기 위해서는 너무 잘 짜인 모임보다는 엉성해 보이는 모임이 좋을 것 같았다. 그리고 나는 가정교회에서 더 중요한 것들을 보았다. 내가 볼 때는 가정교회가 가장 바르고 성경적이었다. 이 확신을 가지고 나는 가정교회에 올인하기로 결심했다.

가정교회의 깃발을 올리다

나는 두 가정과 함께 오직 비신자 전도를 위한 목회 계획을 가지고 가정교회로 개척했다. 개척 초기에 원형목장에 10명의 성도들이 모였는데 한마디로 대책이 없는 사람들이었다.

그들은 거의 모두 조그만 반지하에 살았으며, 신용불량자이거나 파산 직전에 있었다. 그리고 대부분이 맞벌이를 하는 가정들인데다 교회에서 멀리 떨어진 외곽 지역에 살고 있었다. 대학교를 졸업한 한 명을 제외하고는 약 50퍼센트가 고졸이나 중졸도 아닌 초등학교 졸업자들이었다. 이런 성도들과는 목장모임이 불가능할 것 같았다. 작은 지하에서 셋방살이 하는 성도들에게 매주 목장모임에서 음식을 차려놓고 먹는 것은 사치로 보였을 뿐만 아니라, 힘든 맞벌이 직장생활로 피곤한 그들에게 목장모임은 시절 좋은 사람들의 사교모임으로 비쳤다.

그러나 나는 가정교회가 하나님이 기뻐하시는 신약성서적인 교회의 모델이라는 확신이 있었기 때문에 담대하게 시작했다. 이렇게 어려운 환경에서도 기신자를 받지 않고 목장모임을 통하여 가정교회를 잘 세운다면 많은 어려운 환경에 있는 개척교회에 힘을 줄 수도 있을 것 같았다. 그 꿈을 가지고 가정교회의 깃발을 올렸다.

부족한 목자와 서툰 목녀가 원형목장을 시작하다

드디어 참사랑교회는 나와 아내가 목자 목녀가 되어 원형목장으로 출발했다. 나는 원형목장모임을 통하여 목장모임과 VIP 초청하는 방법을 가르쳤다. 하지만 목사 부부가 섬김의 본을 보여주는 것이 가장 중요한 가르침이라고 생각하여 가정집에서 제대로 목장모임을 하고 싶었다.

그런데 사실 우리는 사택이 없었다. 그래서 아내가 운영하는 작은 어린이집에서 목장모임을 해보니 가정집 분위기가 나지 않았다. 게다가 솔직히 아내에게 딱 한 가지 서툰 것이 있는데 바로 음식솜씨였다. 음식에 자신이 없는 아내는 음식하는 게 서툴다. 아내의 단 한 가지 단점이다. 1년 내내 같은 음식을 먹는 교인들은 아내가 하는 음식을 '참사랑정식'이라고 불렀다. 제대로 갖추어진 게 없는 것 같았다.

참사랑교회 원형목장은 이렇게 부족한 목사와 서툰 사모가 목자 목녀가 되어 시작되었다. 어렵고 힘든 환경에서 성도들을 설득할 수 있는 비결은 분명한 비전 제시와 더불어 우리 부부의 헌신과 희생이라고 생각하여 있는 정성 없는 정성 다해서 VIP들을 섬겼다.

개척목회에서 담임목사 부부가 원형목장을 섬기는 것은 매우 중요하다. 원형목장은 선택이 아니라 필수라고 생각한다.

'내 코가 석 자인데 무슨 선교?'

나는 처음부터 가정교회를 원칙대로 바르게 하고 싶었다. 그래서 가정교회에서 필수로 권장하는 용어와 명칭을 사용하고, 매주 남녀가 비신자와 함께 모이고, 선택과 위임의 원칙을 적용했다. 그리고 처음부터 기신자는 받아 들이지 않고 오직 비신자만 전도했다.

또한 원형목장으로 가정교회를 시작할 때부터 선교지를 정하여 선교했다. 처음엔 '내 코가 석자인 주제에 무슨 선교를 하나?' 하는 생각도 들었다. 그것도 그럴 것이, 도움 받아야 할 선교대상자인 개척교회가 선교한다는 것이 모순 같기도 하고 사치스러운 의협심 같기도 했기 때문이다. 그러나 성도가 어려워도 십일조를 드려야 하듯이 교회도 아무리 어려워도 교회의 기능을 다해야 한다고 생각했다. 역시 하나님은 정확하셨다. 이런 참사랑교회를 복 주셔서 매년 교회재정의 30퍼센트를 선교와 구제를 위해 지출할 수 있도록 선교하는 교회로 키워 주셨다.

텅 빈 교회에서 행복 충만하다

기대와 흥분을 가지고 원형목장을 시작하고 목장모임에 VIP를 초청했다. 그런데 1년 6개월 동안 단 한 명도 교회에 등록하지 않았다.

그러나 나는 내가 가정교회를 개척한 것을 조금도 후회하지 않았다. 그동안의 목회 방식에 대해 회의를 느끼지도 않았다. 주님께서 반드시 참사랑교회를 반듯하게 세워주실 것을 믿었기 때문에 뒤로 물러서지 않았다. 1년 6개월의 시간이 전혀 지루하거나 힘들지 않았고 오히려 행복이 충만했다. 나는 가정교회로 부흥해서 행복한 목사가 된 것이 아니라, 하나님이 기뻐하시는 가정교회를 하겠다고 결심한 순간부터 행복한 목사였다. 행복은 교인의 증가 숫자와 함께 오지 않고 하나님의 뜻대로 순종했을 때 찾아왔다.

돌아갈 다리를 끊어 버리다

1년 6개월 동안 한 명도 교회에 등록하지 않았을 때 나는 돌아갈 다리를 끊어 버렸다. 혹시 내가 지쳐 마음이 흔들리게 될까봐 미리 차단막을 친 것이다. 처음 창립하면서부터 기존교인은 받아 들이지 않겠다고 선언하였고 설교 중에도 자주 강조하였지만 주보에는 기존교인을 받아 들이지 않는다는 문구를 기록하지는 않았었다. 그런데 1년 6개월이 지난 후 나는 주보와 홈페이지에 "참사랑교회는 비신자 영혼 구원에 집중하는 교회입니다. 이미 예수님을 영접하고 구원의 확신이 있는 방문자들은 죄송하지만 더 작은 교회에 가서 섬기실 것을 권합니다."라고 쓰고 아예 내외적으로 공개해 버렸다.

혹시나 내가 비신자 등록만을 고집하다가 지쳐서 기존교인들을 받아 들이는지, 교인들과 다른 사람들이 나와 참사랑교회를 감시하게 할 목적이었다.

'기존신자에 대해 너무 유난스럽게 방어막을 치는 게 아닌가?'라고 생각할 수도 있을 것이다. 한 명의 일꾼도 아쉬운 개척교회에 기존 교인은 큰 힘이 될 수 있기 때문이다. 게다가 충성스럽기까지 하면 목사는 천군만마를 얻은 기분일 것이다. 그러나 나는 비신자 영혼구원을 위해 개척했기 때문에 혹시라도 그 목표가 방향을 잃게 될까봐 미리 기초를 다지고 또 다졌다. 나는 비신자들만 전도하겠다고 선언하고 돌아갈 다리를 끊은 것을 매우 잘한 결정이라고 생각한다.

드디어 밀려오는 VIP들

지나가다 우리 교회에 예배드리러 들어오는 사람은 거의 없다. 몇 번 있긴 했지만 예배가 끝나기도 전에 이미 가버려 제대로 인사도 못해 봤다. 그런데 갑자기 VIP들이 매주 1명에서 5명까지 교회에 방문하는 신기한 일이 벌어졌다. 그렇다고 교회에서 전도 집회나 총동원 주일 같은 특별 행사를 한 것도 아니다. 우리 교회에 기적이 일어난 것이다.

나는 이때 한 주 한 주 우리 교회에서 일어나는 하나님의 놀라운 역사를 보면서, '하나님께서 마음 먹으시면 광야에서 메추라기를 보내시듯 이렇게 영혼들을 보내주시는구나'라고 생각했다. 나는 나와 참사랑교회가 시험을 통과하여 하나님께 옳다고 인정을 받은 것 같아 너무 기뻤다.

"시험을 참는 자는 복이 있도다. 이것에 옳다 인정하심을 받은 후에 주께서 자기를 사랑하는 자들에게 약속하신 생명의 면류관을 얻을 것임이니라(약 1:12)"

소외되고 상처받은 사람들의 안식처

참사랑교회는 소외되고 상처받은 사람들의 안식처이다. 사람들이 찾아오지 않는 상가 건물에 있는 개척교회지만, 우리 성도들은 우리의 기도와 섬김을 필요로 하는 영혼들을 찾아 나섰다. 좁은 반지하 사글셋방에 VIP를 초청하고 자신의 집을 공개했다. 집도 없이 떠도는 사람이 있으면 방이 2개인 집에서 방 하나를 내어 주었다.

그런데 이런 환경에서 초청되고 전도되어 오는 사람들 또한 비슷한 환경이거나 더 어려운 사람들이 대부분이었다. 신용불량자 주변에는 신용불량자가 많고 알코올 중독자 주변에는 알코올 중독자가 많았다. 도박하는 사람들 주변에는 도박하는 사람들이 많았다. 아무도 알아주지 않고 돌아보지 않는 영혼들이 연약한 우리 교회 성도들의 기도와 섬김으로 목장에 나오고 교회에 출석했다. 그리고 예수님을 영접하고 삶이 변화된다. 이것만으로도 나는 참사랑교회가 존재해야 할 가치를 충분히 느낀다.

목사의 눈물

나는 우리 성도들을 보면 눈물이 난다. 가난하고 연약한 그들이 섬기는 모습을 보면 애처롭기까지 하다. 자기들도 서 있기가 힘든데 다른 사람을 세우겠다고 섬긴다. 내가 이런 성도들을 위해서 할 수 있는 것은 기도와 금식 외에는 아무 것도 없었다. 나는 성도들이 넘어진 자를 일으켜 세우고, 서로서로 보듬어 주며 믿음으로 굳게 서게 해달라고 기도했다. 하나님의 도움 없이는 안 되는 교회였다. 너무 연약하고 보잘것 없고, 좋아질 기미도 없어보이는 교회였다. 나는 하나님만 바라보고 하나님께 매달릴 수밖에 없었다. 드디어 신실하신 하나님께서 기름 부어 주시고 도와주셔서 우리 교회에 수많은 이적들이 나타나기 시작했다.

간증이 풍성한 교회

전도는 우리의 능력이나 지혜로 되는 것이 아니었다. 우리는 기도하고 섬기며 부지런히 씨를 뿌리고 물주는 일을 했다. 그러면 하나님께서 자라게 하시고 열매 맺게 하셨다. 가정교회로 사역하면서 나는 예전보다 더 많이, 그리고 더 깊이 하나님을 경험했다. 사도행전의 성령의 역사가 복음증거와 영혼구원의 현장에서 일어났듯이 비신자 영혼구원에 집중하는 우리 교회에 간증이 풍성한 것은 어쩌면 당연한 일이었다.

어렸을 때 성탄절에 떡 먹으러 조차 교회에 가본 일이 없었던 사람들이 50살, 70살이 되어 생전 처음으로 교회에 나왔다. 사촌형에게 보증 서주고 신용불량자가 되어 인생을 비관하며 아내와 자녀를 폭행

하며 온 가족이 자살하려던 사람이 목장과 교회에 나오면서 가정이 회복되고 감사와 기쁨이 넘친다고 고백한다. 어떤 성도는 세례(침례) 받은 날 저녁에 무슨 일인지 '마음이 이상하다'며 갑자기 술 담배와 도박이 끊어졌다고 고백했다. 하나님이 만져주신 것이다.

하루에 소주 10병 이상을 마시는 알코올 중독자가 있었다. 3시간만 술이 들어가지 않으면 극심한 금주현상으로 몸이 떨리고 오한이 오고 눈동자가 풀리면서 정신병자처럼 안절부절 못했다. 너무 지긋지긋하여 이혼하겠다던 아내가 그 모습이 너무 불쌍하여 스스로 남편에게 술을 사다 주곤 했다. 이런 구제 불능의 알코올 중독자가 안수기도를 받는 순간부터 술 담배가 끊어지고 새벽기도까지 나오기 시작했다. 지금은 목자가 되어 두 번이나 분가를 하고, 평생 나와 함께 섬김의 삶을 살고 싶다며 기쁨으로 사역을 감당하고 있다. 할렐루야!

그 외에도 목자가 되어 섬기면서 온 가족을 구원한 이야기…, 자신은 폐암에 걸려도 목에 빨대를 끼고 담배를 피우겠다던 서양화가가 술 담배를 끊고 고질적인 통풍까지 고침받아 등산도 하며 목자가 된 이야기, 고슴도치처럼 24시간 가시를 세우고 살았다던 자칭 '쌈닭'이 변하여 이젠 섬기는 목자의 삶을 살게 된 이야기 등 참사랑교회는 지금도 비신자들이 하나님을 믿고 하나님을 경험한 풍성한 간증들을 만들어 가고 있다.

교회를 섬기는 교회로

돌아보면 우리 교회가 지나온 한 걸음 한 걸음이 하나님께서 함께해 주신 흔적이고 간증이다. 우리가 지나온 고난을 나눌 때 그것이 은혜가 되었고, 우리가 아픔을 나눌 때 그것은 사랑이 되었다. 또 우리의 인내의 시간들은 다른 교회 목자들에게 위로가 되고 힘이 되었다. 약하고 미련한 자를 쓰시는 하나님께서 나와 참사랑교회를 이젠 간증자로 쓰고 계신다. 나와 목자 목녀들이 가정교회 부흥회와 집회, 목자수련회 등 지금까지 수많은 교회에서 집회와 간증으로 섬기게 하셨다.

그리고 2007년 10월 28차 목회자 컨퍼런스에서 한국에서 가장 작은 개척교회로서 최초로 사례발표를 하여 개척교회도 가정교회를 할 수 있다는 것을 보여 주었고, 2008년 8월에는 경기남부지역과 충남지역을 섬기는 지역목자로 임명을 받았다.

나는 기뻤다. 참사랑교회 원형목장의 목자가 이젠 목사님들과 교회를 섬기는 지역목자가 되어 섬기는 특권을 얻은 것이 얼마나 큰 복인지 알기 때문이다. 섬김은 특권이고 하나님은 섬김의 길목에 보화를 숨겨 놓았다는 것을 알기에 감사와 기대가 컸다.

본질이 힘이다

참사랑교회는 10년을 달려오면서 유형의 건물교회보다는 교회의 본질과 교회다움을 추구했다. 그리고 교회의 존재목적인 비신자 영혼구원과 제자 삼는 사역에 집중하고 헌신했다. 우리는 작은 개척교회였지만 자부심을 가지고 신앙생활을 했고 모두가 행복했다.

교회가 부흥하자 성도들이 성전을 건축하자고 제안했지만, 나는 하나님이 기뻐하시는 바르고 건강한 교회를 위해 교회의 본질과 목적에 먼저 충실하자고 했다. 그리고 구제하고 선교하는 데만 더욱 힘썼다.

그런데 하나님께서 참사랑교회 창립 10주년을 맞아 너무도 아름다운 선물을 주셨다. 660평의 부지에 잔디밭과 정자가 있는 누구나 꿈꾸어 보았을 그림 같은 교회를 주셨다. 외형이 아닌 본질을 추구하고, 건물교회가 아닌 영혼구원에 집중하며 참 교회를 세우는 데 집중했더니 아름다운 건물교회당도 주신 것이다. 이것은 하나님께서 더 큰 사명을 감당하라고 주신 선물이다.

또 다른 꿈을 향하여

가정교회를 만나고 나는 행복한 꿈을 꾸었다. 하나님께서 기뻐하시는 바르고 건강한 교회를 세우는 꿈이다. 섬김과 기도를 통하여 비신자 영혼구원이 이루어지고 제자가 세워지는 교회, 하나님의 임재하심과 기름 부으심이 있는 교회, 날마다 하나님을 경험하는 간증과 고백이 끊이지 않는 교회… .

나는 이 꿈을 이루기 위해 어려워도 비신자 영혼구원에 집중하는 길을 택했고, 더뎌도 원칙대로 바르게 가는 길을 택했다. 그리고 다시는 눈을 다른 곳으로 돌려 에너지를 분산시키지 않겠다고 마음 먹고, 내가 해야 할 본질적인 사명을 감당하는 일에 집중했다.

　이렇게 가정교회에 올인하며 달려온 지 10년이 된 참사랑교회는 깊이 뿌리를 내렸고 작지만 매우 건강한 교회로 성장하고 있다. 이제 참사랑교회는 하나의 작은 교회로 머무르지 않고 많은 개척목회자들과 가정교회를 세우고 섬기는 교회가 되었다. 가정교회 개척 10년을 지나면서 개척가정교회를 위한 세미나를 준비하고 있다. 그리고 참사랑교회의 10년을 내다보며 또 꿈을 꾸어 본다. 참사랑교회가 더욱 건강하게 성장하여 하나님이 원하시는 일을, 하나님이 원하시는 곳에서, 하나님이 원하는 방법으로 멋지고 아름답게 감당하며 섬기는 꿈을… .

3. 철인 5종 경기

경제적인 문제

　개척교회나 미자립교회에 가장 어려운 경기는 역시 경제문제와의 씨름이다. 나는 개인적으로 빚까지 있었기 때문에 더 큰 어려움을 겪었다. 목회자 부부 둘 다 직업이 없거나 특별한 수입원이 없으면 장기적인 개척목회에서 교회운영이나 자녀교육 등으로 어려움을 겪는 것은 불 보듯 뻔하다. 그러나 우리의 쓸 것을 예비하시는 하나님, 하나님의 기뻐하시는 일을 책임지시는 하나님은 결코 우리의 어려움을 그대로 방치하지 않으신다. 나는 그 하나님을 경험했다.

전도가 어렵다

좋은 교회건물도 있고 좋은 시스템을 갖춘 교회도 전도가 어려운데 개척교회 전도의 어려움은 두 말할 필요도 없다. 비신자들도 어느 정도는 교회를 보는 눈이 있어서 가정이나 초라한 상가건물교회는 그리 좋아하지 않는다. 안 그래도 처음이라 불편한데 네모난 흰 벽안에 두세 사람만 덩그러니 앉아 있으면 분위기도 썰렁하고 어색하기가 이루 말할 수 없다. 그래서 어쩌다 한 번 왔다가도 이내 발길을 끊어버린다.

협력해서 함께 전도할 동역자가 없는 것도 전도를 어렵게 한다. 그러나 이러한 어려움들은 마음을 급히 먹거나, 사람들에게 뭔가 근사한 모습을 보여줘야 한다는 강박관념이 있을 때 더욱 심해진다. 그러나 그 어떠한 어려움도 우리가 당당하지 못할 근거가 되지는 않는다. 영혼구원 사업을 포기할 이유도 되지는 않는다. 나의 꿈이 아닌 하나님의 꿈을 위해 당당하게 일하면 가장 좋은 때에 좋은 사람을 보내주신다.

주일연합예배의 시너지 효과가 적다

개척교회에서는 목장모임이나 주일연합예배가 별 차이가 없다.

그래서 사람들이 많이 모여 드리는 예배에 비해 시너지효과가 없거나 매우 적다. '삶공부'나 여러 다른 행사들도 인원이 너무 적으면 가르치는 사람과 배우는 수강생들이 피차 어려울 수 있다. 천하보다 귀하게 여기시는 그 한 영혼을 하나님께서 지켜보고 계신 것을 생각한다면 어떠한 경우에도 분위기 때문에 실망하거나 포기하지 않을 것이다.

기다림의 능력이 필요하다

가정교회를 하면서 가장 많이 배우는 것이 기다림이다. 그런데 개척교회에서의 기다림은 하나님이 부어주시는 인내의 능력이 없으면 불가능하다. 교회가 탄력을 받아 상승기류를 탈 때까지는 오랫동안 기다릴 것을 각오하고 출발해야 한다. 나에게는 이 시간이 하나님께 집중하며 기도하는 시간이었고 훈련 받는 시간이었다.

빨리빨리와의 전쟁

나는 가정교회 개척을 통하여 오랫동안 몸에 밴 효율성의 잣대를 버리고, 오직 바르게 목회하려는 자세를 지켜내는 많은 훈련을 받았다. 속도보다 방향이 중요하고 빠른 것보다는 바른 것이 중요하다는 것을 알았다. 많은 사람들이 처음엔 바르게 출발하지만 속도를 내기 위해 편법을 쓰고 원칙을 어기고 방향을 벗어나면서부터 혼란을 겪는 것을 보고 배웠기 때문이다.

4. 극복 체험기

가정교회에 대한 분명한 확신과 비전

가정교회로 교회를 개척하면 환경적인 어려움과 변화에 대한 갈등 그리고 영적인 저항이 있다는 것을 알고 각오해야 한다. 이때 개척목사가 성경적인 교회에 대한 확신과 비전이 없으면 타협하거나 포기할 수 있다. 내가 가정교회의 목회철학과 비전을 알고 난 후, 나는 '최영기 목사님이 가정교회를 포기해도 나는 포기하지 않을 것이고, 혹 감옥에 가더라도 죄수들과 함께 목장모임 하겠다'는 마음으로 교회를 개척했다. 이런 가정교회에 대한 비전과 확신은 중간 중간 찾아오는 어려움을 이길 수 있게 해주었다.

비전 공유

가정교회 목회는 목사 혼자 하는 것이 아니다. 개척목사가 가지고 있는 성경적인 교회에 대한 비전을 성도들과 함께 공유하고 함께 목회해야 한다. 나는 성도들과 설교, 〈목사코너〉, 수련회, 그리고 개인적인 만남을 통하여 하나님이 원하시는 교회의 모습에 대한 비전을 나누고 공유했다. 개척교회에서 성도들에게 자부심과 긍지를 심어줄 수 있는 것은 교회건물이 아니라 성경적인 비전이라고 생각한다.

원칙은 지키라고 있는 것이다

가정교회는 '처음에 쉽게 시작하면 나중에 어렵고, 어렵게 시작하면 나중에 쉽다'는 말이 있다. 이 말은 원칙적으로 하면 처음엔 어렵지만 나중에는 쉽다는 것이다. 나는 목회하는 동안 이 말을 실감했다. 기초를 쌓기가 어렵지, 기초를 착실히 쌓으면 나중에 가정교회가 건강해지는 것을 경험했다. 매주 모이고, 남녀가 함께 모이고, 반드시 음식을 먹고, 철저히 선택과 위임을 적용하고, 목장에서는 반드시 선교를 하고, 수평이동을 거절하고 비신자 전도에 집중하는 것 등 교안에서 권하는 대로 원칙을 지켰다. 원칙대로 하는 것이 나에겐 어려움을 극복하고 쉽게 하는 방법이었다.

집중 또 집중

크게는 가정교회에 집중하고 작게는 VIP전도에 집중해야 한다. 일반적으로 목장에서 1년에 1명만 구원해도 잘한 것이라고 한다. 그런데 목장이 하나인 개척교회가 1년에 1명만 구원하면 10년 후에야 분가할 수 있다. 그래서 나는 모든 에너지를 더욱 전도에 집중해야 한다고 생각한다. 내가 가정교회와 관련된 모임 외에 다른 모임에 가지 않은 것도 이 때문이다. 나는 가정교회가 안 되는 이유는 전도하지 않기 때문이고 가정교회 세 가지 축에 질적으로 더 집중하지 않기 때문이라고 생각한다. 개척교회는 기성교회와는 출발점부터 다르다. 한 우물만 파기에도 시간이 모자란다. 집중 또 집중!

목회자 컨퍼런스와 지역모임

나는 목회자 컨퍼런스는 가정교회 목회를 진단하는 종합검진이라고 생각한다. 그래서 나는 목회자 컨퍼런스 시간을 우리 교회가 원칙대로 잘하고 있는지, 방향이 벗어나고 있지는 않은지 점검하고, 치료하고, 수정하는 시간으로 삼았다. 그리고 목사들의 목장모임인 지역모임에 꼭 참석했다. 지역모임은 목사들이 함께 목회와 삶을 나누고 구체적인 도움을 받을 수도 있고 또 섬길 수도 있는 목장이다. 우리가 성도들에게 목장모임의 중요성을 강조하듯 목회자들의 목장모임인 지역모임은 건강하고 효율적인 목회를 위해 중요하다.

나는 가정교회를 알게 된 후부터 지금까지 한 번도 컨퍼런스에 빠진 적이 없다. 지역모임도 빠지지 않았다. 컨퍼런스에서는 종합적으로 점검을 받고 지역모임에서는 구체적인 도움을 받으며 어려움을 극복했다.

평신도 훈련

가정교회에서 평신도를 지도자로 세우고 함께 목회하는 평신도들을 훈련하는 일은 중요하다. 교회 내에서는 목자 수련회와 간증집회, '삶공부' 등을 제공하고 외적으로는 평신도 세미나와 목자 컨퍼런스 등으로 격려하고 훈련할 수 있다. 훈련된 평신도가 많을수록 가정교회는 건강해진다.

홈페이지와 '가정교회 360[17]'의 역할

개척교회는 일반적으로 기존교회들보다 작아서 행정이 간단하다. 그래서인지 굳이 화려한 홈페이지의 필요성을 느끼지 않는다며 홈페이지를 만들지 않는 교회들이 있다. 그러나 오히려 21세기의 교회개척은 건물보다는 홈페이지와 가정교회 360과 같은 인터넷 또는 SNS를 통해 알리고 나누고 소통하는 전략적 프로그램이 유익할 수 있다. 참사랑교회는 성도가 열 명일 때 비신자를 전도할 목적으로 홈페이지를 만들었다. 가정교회 360과 홈페이지는 VIP가 교회에 적응하는 데 도움을 주고 목장을 초월한 성도들의 교제의 장 역할을 하고 있다. 우리 교회 홈페이지는 내 목회의 지휘본부이고 참사랑교회의 역사가 기록된 일기다.

기신자를 받아 들이지 않은 것

가정교회의 어려움을 극복하는 데 기신자 유입을 막은 것이 무슨 상관이 있느냐고 할지 모른다. 그런데 나는 결론적으로 기신자 유입을 막은 것이 우리 교회의 어려움을 극복하는 매우 중요한 요소였다고 자신 있게 말한다. 우선 기신자 유입으로 갈등이나 혼란으로 인한 에너지 낭비가 없었고, 힘들게 쌓아온 참사랑공동체의 아름다운 정체성을 지키고 보호할 수 있었다. 그리고 비신자 전도에 더욱 집중할

---

17) 인터넷을 베이스로 한 행정 시스템으로 언제 어디서나 목사도 목자도 정보를 입력하고 추출할 수 있다.

수 있었고 하나님의 기름 부으심과 후원하심을 기대할 수 있었다. 이렇게 정체성을 분명히 하니 성도들의 교회에 대한 자부심과 긍지는 대단했다. 이것은 어떤 교육이나 훈련으로 할 수 없는 귀한 교회의 자산이다.

목회자의 헌신

내가 내 입으로 헌신했다고 말하기는 부끄럽지만 헌신하려고 애쓴 것은 사실이다. 나는 성도들이 나에 대해 '목회는 목자들에게 위임하고 목사님은 놀고 있다'는 생각을 하지 않게 하려고 노력했다. 처음 7개월 동안 원형목장을 우리 가정에서 이동 없이 섬겼고, 분가한 후에도 가능하면 목장들을 우리 가정으로 초대한다든지 목자모임을 한 달에 한 번이라도 우리 집에서 모이려고 애썼다.

그리고 물질에 대해 투명하려고 노력했고 무엇보다 교회와 성도들을 위해서 목숨 걸고 금식하며 기도하려고 힘썼다. 지금도 매주 수요일은 성도 가정들을 위해 금식하며 기도하고 있다. 목회자가 헌신하지 않으면 성도들도 헌신하지 않을 것이라는 것이 나의 생각이다.

기다림

가정교회 원칙을 지키고 방향도 바르고 전도도 열심히 하는 것 같은데 열매도 없고 성장도 안 되는 경우가 있다. 우리도 18개월 동안 한 영혼도 오지 않았다. 이때 필요한 것이 기다림이다. 신실하신 하나님께서 반드시 역사해 주실 것을 믿고 기도하며 기다려야 한다. 이제 우리에게 남은 것은, 환경을 보고 실망하지 않고 눈물을 흘리며 씨를 뿌리면 반드시 기쁨으로 단을 거두게 하시는 하나님을 믿는 믿음을 보이는 것이라고 생각한다.

5. 가정교회가 주는 유익

교회의 존재목적과 비전에 대한 확신

가정교회는 신약성서적인 교회의 회복을 추구하기 때문에 교회의 존재목적에 집중하게 하고 교회의 본질적인 기능을 다하게 한다. 그러다보면 이것 저것 군더더기 없는 교회 본연의 모습을 갖추어 가게 된다. 온 교인들이 교회의 존재목적이 영혼구원과 제자 삼는 일이라고 확신하고, 우리 교회가 성경적인 교회라는 자부심과 '영혼구원'이라는 하나님의 비전을 소유한 것이 우리 교회의 큰 자산이다.

비신자 전도와 제자양육

그렇게 힘들게만 느껴졌던 비신자 전도가 이루어지고 있다. 참사랑교회가 가정교회로 창립된 후 많은 비신자들이 전도되어 왔다. 비신자들 주변에는 비신자들이 많다. 비신자들이 변화되면 주변의 비신자들이 줄줄이 이어서 들어온다. 모두 하나님이 애타게 찾으시는 영혼들이다.

2006년 이후에 97명이 참사랑교회 '예수 영접 모임'[18]을 통해 예수님을 영접하였고 71명이 세례(침례)를 받았다. 8명의 목자들 중 7명이 참사랑교회를 통해 예수님을 영접하고 세례(침례)를 받은 사람들이다. 그중에 VIP로 목장과 교회에 나온 지 1년 6개월 만에 목자가 된 사람들이 3명이다. 목자의 직분이 쉽지 않은 것을 알면서도 목자를 소원하는 성도들도 많다. 이것은 교회의 존재 목적대로 영혼이 구원 받고 변화 받아 제자가 세워지고 있는 증거라고 생각한다.

새신자 옹알이는 최고의 기쁨!

VIP전도가 이루어지면 간증이 풍성해진다. 전혀 예수님을 믿을 것 같지 않던 사람들이 목장을 통해 전도되고 교회에 나와 '생명의 삶'을 듣고 예수님을 영접하고 세례(침례)를 받고 목자로 세워진다. 그들은 눈물을 흘리며 그들이 경험한 하나님을 간증한다. 갓 태어난 VIP들의 옹알이를 듣는 것이 나의 최고의 기쁨이다. 하나님은 얼마나 기쁘실까?

남자들이 더 많은 교회

가정교회에서 남성 리더십을 세워주고 비신자 입장에서 생각하고

---

[18] 예수를 믿기로 결심한 사람들을 모아서 담임 목사가 복음을 제시하고 예수님을 영접하도록 돕는 모임.

배려하다 보니 남자들이 많이 전도되어 온다. 아내가 교회에 나가더니 많이 변해서 한 번 나와봤다는 사람들도 있고, VIP 친구를 따라 왔다가 교회가 부담이 없고 마음이 편하다며 정착하는 경우도 많다. 그러다 보니 참사랑교회는 남자 성도가 여자 성도보다 더 많은 교회가 되었다. 남자 성도들이 목장에 나와서 삶을 나누고 주일에 가족과 함께 예배드리며 교회의 여러 사역에서 앞장서서 섬기는 모습을 보면 너무 든든하다.

건강한 교회

가정교회의 가장 큰 매력은 교회가 건강하다는 것이다. 간혹, 머리만 크거나, 다리만 굵거나, 아니면 몸은 건강한데 정신이 병든 교회들이 있는데 우리 가정교회는 온몸과 마음이 건강하다. 그 이유는 가정교회의 세 가지 축을 통하여 하나님을 전인격적으로 경험하기 때문이다. 가정교회는 폭발적인 성장은 아닐지라도 기초가 튼튼한 건강한 교회로 세워지고 있다.

나도 행복한 목사

내가 세미나에서 가정교회 목회자들로부터 처음 들은 말이 '나는 행복한 목사'라는 고백이었다. 내가 가정교회를 결심한 동기 중 하나가 성도들도 행복하게 신앙생활하게 하고 나도 행복한 목회를 할 수 있을 것 같았기 때문이다. 지금 나의 소원대로 우리 교회 성도들은 '참사랑교회를 만나서 너무 행복하다'는 고백을 자주 한다.

과거에 늘 전투적인 목회를 하며 고통의 눈물을 흘리며 지냈던 내가 가정교회를 하면서 나도 이젠 행복한 목사라고 고백을 한다. 가정교회는 내 인생에서 가장 현명한 선택이었다. 가끔 우리 부부는 이렇게 말한다.

"우리 가정교회 하기 정말 잘했지? 그렇지?"

"맞어, 맞어."

6. 은혜 마취제

"내가 너희에게 이르노니 이와 같이 죄인 한 사람이 회개하면 하늘에서는 회개할 것 없는 의인 아흔아홉으로 말미암아 기뻐하는 것보다 더하리라(눅 15:7)"

나는 내 평생 10명의 교인을 데리고 목회하더라도 내가 순교하는 마음으로 영혼을 위해 기도와 눈물로 섬겨 그들이 구원받았다면, 기신자 1,000명을 관리하는 목회보다 하나님께서 더 기뻐할 것이라는 믿음으로 가정교회를 개척했다. 내가 교회성장만을 원했다면 가정교회를 택하지 않았을 것이다. 그러나 무엇보다도 하나님이 가장 기뻐하시는 영혼구원을 목표로 하는 바르고 건강한 교회라고 생각하기 때문에 올인했다.

　나는 하나님께서 우리를 성공하라고 부르신 게 아니라 충성하라고 부르셨다고 생각한다. 나는 내가 가정교회로 개척하는 것이 그 부르심에 가장 순종하는 길이라고 믿는다. 이 믿음이 있었기에 지난 10년간 주님과 함께 걸어온 이 길이 정말 행복했다.

　지난 개척의 세월이 고난도 많고 분명 힘든 길이었는데 돌아보니 힘들지 않았다. 주님의 은혜가 너무 컸기 때문이다. 아내에게 이런 말을 했다.

　"하나님의 은혜는 마취제인가봐? 분명 힘들었는데 힘들게 느껴지지 않으니 말이야…."

　너무도 부족한 나에게 가정교회를 통하여 올바른 목회를 할 수 있도록 인도하신 하나님께 영광을 돌린다. 그리고 함께 이 행복한 길을 걷는 참사랑 성도들과 가정교회로 목회하는 신실한 동역자들에게도 감사드린다.

교회 셋,
하늘문교회 _ 배영진 목사

1. 교회개척의 꿈

우리 교회는 처음부터 가정교회로 개척한 교회가 아니라 전통교회로 개척했다가 가정교회로 전환한 교회다. 따라서 나는 전통적인 작은 개척교회가 가정교회로 전환하는 데 있어서 목회현장에서 고뇌하고 씨름했던 얘기들을 나누고 싶다.

1985년, 스물다섯 살에 내가 합동신학교에 입학했을 때는 합동신학교가 설립된 지 5년째 되던 해였다. 합동신학교는 한국교회의 교권주의의 폐해를 극복해보자는 취지로 설립되었고, 당시 나는 성경적으로 바른 목회를 해보자는 분위기로 충만해 있었다. 나의 이십대

후반 3년 동안 나는 합동신학교의 자기개혁정신에 깊이 젖어 있었고 그곳에서 아내를 만나 1988년에 결혼하였다. 그리고 서른한 살에 영국으로 공부하러 떠나, 8년 동안 공부하며 그곳의 한인교회에서 사역하였다.

영국에서 복음주의 설교자 마틴 로이드 존스의 런던신학교, 프란시스 쉐퍼의 라브리, 그리고 런던 강해설교학교(CTC)를 거쳐 성경적인 목회에 대한 비전을 갖고 마흔이 되던 2000년에 귀국했다. 그리고 5년 동안 기존 정통교회에서 교구와 청년대학부를 섬기는 부목사로 사역하면서 교회개척을 꿈꾸었다. 나는 영국에서 공부하는 동안 마틴 로이드 존스로부터 배운 '매너리즘에 빠지지 않은 부흥된 목회', 프란시스 쉐퍼의 라브리 사상으로부터 배운 '삶과 분리되지 않은 일상 속에서의 영성', 강해설교학교(CTC)에서 배운 '말씀을 현장에 적용하는 설교'로 목회하고 싶었다.

하늘문교회가 개척되기까지

다행히 내가 사역하던 교회에서는 4~5년 사역한 부목사에게 교회 개척을 지원해준 전례가 있었고, 그 전례는 교회개척을 꿈꾸는 나에게 희망이 되었다. 그러나 교회 내에는 교회개척에 대한 보이지 않는 알력과 견제들이 심했다. 나는 교회를 개척하고 싶었지만 교회개척은 전혀 진척이 없었고 점점 한 치 앞을 볼 수 없는 안개 속으로 빠져들어 갔다. 개척을 지원해 줄 것이라는 희망도 점점 사라져갔다. 어느덧 스트레스가 쌓여가고 몸도 아파왔다. 혈압이 최고치로 오르는가 하면, 메니에르라는 병에 걸려 어지럼증과 구토 증세 때문에 어떤 때는 몸을 가누기도 힘들었다. 성대결절도 왔다. 목소리가 전혀 나오지 않아 설교도 할 수 없었다.

교회개척은커녕 당장 하던 사역도 힘들었다. 하지만 나는 여전히 한국에서 교회개척을 하는 것이 하나님의 뜻이라고 믿었다. 수없이 근처 호숫가를 맴돌며 생각했다. 산에도 올라갔다. 아내와 깊이 의논도 했다. 그러나 어떤 뾰족한 수가 나오지 않았다. 교회를 개척하고 싶었지만 나에게는 자금도 인맥도 없었다. 오직 하나님께 매달리는 수밖에 없었다. 지금 생각해보면 하나님은 내가 그 어느 것도 바라보지 않고 오직 하나님만 의뢰하도록 믿음의 훈련을 시키셨던 것 같다.

부목사 사역 5년째가 되던 2005년 초, 우여곡절의 진통 끝에 교회에서 경기도 죽전에 새 교회를 개척하고 지원하기로 결정하였다. 그리고 2005년 6월에 청년 대여섯 명과 신혼부부 몇 가정을 중심으로 하늘문교회가 설립되었다. 드디어 바랐던 교회개척이 이루어진 것이다.

하늘만 바라보는 것 외에는 아무 대안이 없는 나를 불쌍히 여기신 하나님께서 예배당을 허락해 주셨다. 예배당은 상가 6층이었고 개인 의자 50개를 놓으면 꽉 찼지만 우리 부부에게는 감사와 행복 그 자체였다. 35평 되는 예배실을 교회에서 매입해 주어 개척교회 목사의 가장 큰 압박인 월세 부담은 덜었다.

신도시 상가개척교회의 한계

2005년 설립 당시 하늘문교회는 20~30대 초반 15명 정도의 개척멤버가 있었다. 죽전은 새로 아파트들이 들어서는 신도시 지역이어서 우리 교회가 설립된 이후에도 주변에 많은 교회들이 경쟁적으로 들어왔다. 자고 나면 교회 하나, 자고 나면 교회 하나가 들어섰다. 그것도 부족해서 어느 날, 매머드급 교회가 우리 교회에서 걸어서 5분 거리에 들어섰다. 상가 6층 한 칸을 빌려 개척한 우리 교회로 기존신자들이 찾아올 가능성은 아주 희박해 보였다. 설상가상으로, 우리 교회에 나오던 윗집에 사는 아들 친구 어머니가 큰 교회가 들어오자 이내 휑하니 그 교회로 가버렸다. 있는 우리 교인도 지켜내지 못하는 마당에, 상가교회로 찾아오기를 바라는 것은 언감생심 꿈도 꾸지 못할 일인가?

가버린 아들 친구 어머니를 제외한 개척멤버들의 집은 다행히(?) 예배당이 있는 죽전과 거리가 멀었다. 잠실에 사는 성도가 가장 가까웠고 그 외에 인천, 김포, 낙성대에 흩어져 있었다. 최소한 옆 큰 교회로 갈 확률은 없었다. 어쨌든 두 손 놓고 앉아 있을 수는 없었다. 한동안 죽전의 길거리에서 전도지를 나눠주는 노방전도도 했지만, 노방전도로 교회를 찾아오는 사람은 단 한 명도 없었다. 어쩌다가 예배 중에 처음 나온 성도의 얼굴을 보고 예배 후에 인사라도 할라치면 뒤도 안 돌아보고 도망치듯 예배당을 빠져나갔다.

나는 스스로에게 '기성신자들에게 상가개척교회의 이미지는 무엇인가?'라는 질문을 해보았다. 내가 내린 답은 '많은 도움이 필요한 상가개척교회는 그들이 가까이 하기에는 너무 부담스러운 교회'였다.

우리의 유일한 전도전략은 관계전도였다. 감사하게도 성도들의 불신자 친구와 부모님들이 전도되어 성도 숫자는 조금씩 불어났다. 그리하여 20대에서 30대 초반의 젊은이들이 가장 많았고, 그 다음으로는 60~70대 성도들이 많았다. 40~50대는 담임목사 부부인 우리 한 가정뿐이었다.

개척후 1년이 지났을 때 우리와 비슷한 규모의 개척교회를 하는 후배 교역자로부터 두 교회를 합병하자는 제안이 들어왔다. 우리가 25명이었고 그 교회는 20여 명쯤 되었다. 교인 숫자가 배가될 수 있는 기회였다. 그러나 기도하면서 생각해보니 지금 우리 교회공동체도 아직 뿌리 내리지 않은 엉성한 상황에서 다른 공동체와 합하기에는 이르다는 판단이 들어 그 제안을 받아들이지 않았다.

얼마 지나지 않아, 또 우리 교회 바로 옆에 있던 15명 정도 되는 다른 개척교회가 우리 교회와 병합하고 싶다는 연락을 해왔다. 그 교역자는 죽전에 신도시가 들어설 때 가장 먼저 개척하여 제법 성장하고 있다가, 매머드급 교회들이 들어오면서 교인 숫자가 급격히 줄어 심리적으로 많이 위축되어 있었다. 그런데 병합조건이 그 교회 예배당 월세를 우리가 내는 조건이었다. 우리는 그런 재정적 조건을 감당할 형편도 안 되었거니와 그 교회 성도들의 분포가 40~50대인 점을 감안할 때, 20~30대와 60~70대가 주류인 우리 교회의 성도들과 가족같이 자연스럽게 지내기가 힘들것 같아 그 제안도 받아들이지 않았다.

만약 두 교회의 제안을 모두 받아 들였다면 우리 교회는 1년 동안 산술적으로 60~70명 정도로 성장할 수 있었을 것이다. 그러나 나는 외형의 숫자에 크게 얽매이지 않았다. 가정교회를 개척하기 전에도 나는 정확한 그림은 아니었지만 이미 가정교회와 같은 목회 마인드를 마음에 그리고 있었다.

2. 왜 가정교회여야 했는가?

풀리지 않는 숙제

개척한 지 1~2년이 지나면서 내가 결단한 것은 합동신학교의 개혁마인드를 목회철학으로 삼는다는 것이었다. 그래서 나는 성도들 위에 군림하는 목회자는 되지 않겠다고 결심했다. 그리고 나의 목회 야심을 위하여 성도를 이용하는 일은 하지 않겠다고 결심했다. 목회자들의 인기몰이처럼 보이는 교인들의 수평이동도 받아 들이지 않겠다고 결심했다. 나는 한국교회의 흐름은 바로 교회성장 지상주의와 그에 따른 대교회주의라고 생각했다. 이것은 목회자의 비뚤어진 물량주의와 교인들의 철새신앙이 서로 맞아 떨어진 결과라고 생각했다. 나는 다른 교회의 교인을 흡수하여 교인이 많아진 것을 '부흥'이라고 말하는 것은 잘못된 것이라 여겼다. 나는 교회의 부흥은 성도의 수가 아니라 성도의 진정한 변화라고 생각했다.

바로 그 성도들의 변화문제가 나의 목회의 당면 문제가 되었다. 제자훈련에 잘 따라오는 성도는 30퍼센트 정도밖에 되지 않았다. 나는 "나머지 70퍼센트 성도들을 어떻게 양육할 것인가?"라는 숙제를 안게 되었다. 그 성도들은 제자훈련을 받으려 하지도 않고 겨우 주일예배만 고수했다. 이 숙제는 쉽게 풀리지 않았다. 2년 정도 지나자 오히려 교인들은 점점 더 수동적으로 변해가는 것 같았다. 먼 거리에서도 주일예배에 지각하지 않았고, 예배 분위기나 전체적인 느낌도 좋은 것 같았지만, 그럼에도 불구하고 우리 교회 목사와 성도들의 관계는 마치 기관차와 객차의 관계 같았다. 앞의 기관차는 혼자서 힘을 다해 끌고 있고, 뒤의 객차들은 슬슬 딸려만 오는 관계였다.

교회에 새신자가 들어와도 성도들은 별 관심이 없었다. 새신자를 환영하고 영접하는 일은 늘 목사와 사모의 몫이었다. 평신도들은 새신자를 대할 때, '목사님의 손님'을 대하듯 했다. 꼭 중학교 1학년짜리 우리 아들 같았다. 우리 아들은 집에 손님이 찾아오면 계면쩍어 하며 '안녕하세요?'하고 인사만 하고는 자기 방으로 들어가 버린다. 아빠 손님에게 별 관심이 없기 때문에 따뜻한 친절함도 관심어린 질문 같은 것도 없다.

나는 이런 우리 교회의 수동적이고 경직된 모습들 때문에 목회의 위기감을 느꼈다. 이런 식으로 간다면 내가 개혁하기를 원했던 인격적이고 살아 숨 쉬는 진정한 공동체는 만들어질 것 같지 않았다. 나는 우리 교회의 '목사주도 – 성도수동' 패러다임을 어떻게 바꿀까 고민하기 시작하였다.

가정교회 스피릿과의 만남

이렇게 나의 목회적 당면문제로 씨름하고 있을 때, 2006년 합동신학교 동기들의 모임에서 산울교회 이문식 목사님의 목회성찰과 고백을 들었다. 기존 정통교회에서 부목사로 있다가 젊은 부부 12쌍과 함께 교회를 개척하여 수백 명 성도의 교회로 성장시킨 이문식 목사는 동기들의 부러움이자 나의 개척모델이었다.

그런데 그가 우리에게 이렇게 고백했다. "그동안 내 목회는 수평이동의 덕을 보고 상처받은 교인들을 싸매는 치유목회였고 AS 목회였다. 그런데 한계를 느낀다. 아무리 설교하고 가르쳐도 교인들이 변화되지 않는다. 다시 교회를 개척하고 싶다. 가정교회 밖에 가능성이 없는 것 같다! 나는 가정교회로 간다!"

그의 입에서 생소한 '가정교회'라는 단어가 튀어나왔다. 목회 잘하고 있다고 생각했던 동기 목사이자 개척 선배 목사의 고백은 나에게 충격이었다. 그 교회를 모델삼아 개척하여 2년을 달려온 나에게 그 선언은 날벼락 같은 선언이었다. 그러면 나는 이제 어떻게 무엇을 향하여 목회할 것인가? 그때 나에게 중요한 질문들이 생겼다.

"도대체 왜 바른 신학을 가지고 목회하는데도 이렇게 한계를 경험하는가? 우리는 목회적 조작을 거부하고 순수하게 하는데 왜 잘 안될까? 이게 성경적으로 바른 목회가 아니란 말인가? 왜 성도들은 변화되지 않는 것인가?"

의문이 머리에서 떠나지 않았다. 나는 목회에서 무엇을 하지 말아야 하는가를 알고 있었다. 어떤 목회가 바르며 어떤 목회가 조작의 목회인지도 알고 있었다. 그러나 그 신학을 구체적으로 목회현장에 접목시키는 로드맵을 갖고 있지 않았던 것이다.

합동신학교 마인드에 가정교회 스피릿을 붓다

그날 이후, 나는 가정교회를 하고 있는 동료목사들로부터 최영기 목사님의 책들을 소개받고 진지하게 읽기 시작했다. 「교회는 병원이다」, 「구역예배를 가정교회로 바꾸라」, 「가정교회로 세워지는 평신도 목회」, 「나 이런 목사올시다」 등 가정교회 스피릿을 접하니 가슴이 시원해졌다. 마치 밤을 새워 대화해도 지루하지 않고 오히려 힘이 솟는 친구를 만난 느낌이라고나 할까? 합신 박윤선 목사님의 자기 개혁적 본질이 '세상의 흐름으로부터 목회적 정체성을 지켜내려는 수성적 입장'이라고 한다면, 최영기 목사님의 가정교회 스피릿은, '세상에서 방황하는 불신영혼을 건져내고 힘 있는 교회를 세워가는 전략적 입장'을 갖추고 있었다.

성도 수를 조작하거나 이용하지 않으며 외형의 교회 성장이 아니라 신약교회의 본질을 추구한다는 것, 기존교인의 수평이동이 아니라 불신영혼 구원을 목표를 가진다는 것, 성도들 위에 군림하지 않으며 오히려 평신도 리더를 세워주고 그들을 섬기는 교회구조, 그러면서 온 성도들이 유기적으로 활발하게 사역하고 자연적으로 성장한다는 것, 이런 가정교회 스피릿은 마치 집을 어떻게 지을까 고민하는 내 앞에 최고로 좋은 건축 공구박스와, 보기만 해도 마음이 설레는 건축 설계도 같았다.

3. 가정교회로 전환하다

마침내 2006년 9월, 우리 부부는 울산 큰빛교회 목회자 세미나에 참석했다. 한 주간 따뜻한 섬김을 받으며 가정교회에 대한 강의를 들었다. 그러나 목회자 세미나 교안은 기존 전통교회의 가정교회 전환을 염두에 두고 만들어진 교재였다.

예수님의 섬김사역을 목회의 근간으로 하는 가정교회는 나에게 너무 신선했다. 나는 가정교회들을 접하며 '아, 이런 교회를 만들어 낼 수 있구나!' 하고 생각했다. 나는 30여 명 되는 우리 교회, 이제 갓 두 발로 서게 된 개척교회를 어떻게 가정교회로 전환시킬 것인지 생각하면서 세미나에서 강의를 들으며 하나도 놓치지 않고 열심히 메모를 했다.

가정교회 마인드는 너무나 성경적이었다. 목회자의 마인드만 바띈다면 너무 좋을 거라는 생각이 들었다. 그러나 담임목사가 가정교회 스피릿으로 무장되지 않는다면 실패할 확률도 많아보였다. 그래서 실패하지 않는 가정교회를 생각하며 강의요점들도 꼼꼼히 정리했다.

큰빛교회 목회자 세미나를 다녀온 이후 나는 이미 가정교회에 푹 빠져 버렸다. 그러나 서두르지 않고 성도들에게 서서히 가정교회를 소개하였다. 2006년 9월부터 2007년 5월까지 9개월 동안 가정교회로의 전환을 준비했다. 10월에 구미 남교회 목회자 세미나에 전도사 두 명을 보냈다. 11월에는 성남 성안교회 평신도 세미나에 5명을 보냈다. 그리고 먼저 가정교회를 하고 있던 교회의 목자들을 초청하여 간증집회를 여러 차례 가진 후, 2007년 1월에는 성도들과 '생명의 삶' 13주를 공부하였다. 그리고 주보의 〈목회자 칼럼〉에 가정교회로 전환하는 계획을 설명하였다.

성도들은 새로운 교회 방침에 열심히 따라주었다. 그때까지는 교회의 제도나 시스템이 갖추어지지 않았기 때문에 목소리 높여 반대하는 사람도 별로 없었다. 2년 동안 서리집사 한 명도 임명하지 않았고, 남녀전도회나 성가대는 개척 초기부터 만들지 않았기 때문에 제도 변화에 따른 문제는 전혀 없었다.

오히려 목자를 어떻게 세울 것인가가 고민이 되었다. 나는 가정교회 목자는 좀 훈련이 안 되어 있어도, 일단 세우고 나면 목자로 사역하는 과정에서 변화될 거라고 생각했다. 나중에 나는, 이 생각은 이미 가정교회가 어느 정도 정착된 교회에는 맞지만, 가정교회를 시작하는 개척교회 수준에서는 목자 선정 자체가 상당히 위험부담이 크다는 것을 비싼 수업료를 치르고 깨달았다.

그때는 잘 몰랐기 때문에 신앙이 좀 어리거나 부족해도 '생명의 삶'과 평신도 세미나를 다녀온 성도들 중에서 목자를 선출하면 될 것 같았다. 드디어 2006년 5월에 전교인 30여 명이 네 명의 대행목자를 선출했다. 자격은 '생명의 삶'과 평신도 세미나 수료를 마친 세례(침례)교인이었다.

다들 기뻐하고 좋아했다. 나는 네 명의 목자와 세 명(한 목자가 여성이었고 그 남편은 아직 목동을 하기에 이른 경우였다)의 목녀와 시범목장을 목사 사택에서 얼마간 해보려고 생각했다. 그런데 사택은 죽전에 있었고 목자 목녀들의 집은 잠실, 성남, 낙성대, 인천이었다. 주일 저녁에 하려고 했더니 집이 먼 목자들이 어려워 했다. 평일은 직장 때문에 어려웠다. 그래서 시범목장을 포기했다. 시범목장 없이 바로 목장모임을 시작하기로 했다. 주일 오후에 소그룹으로 순모임이 잘 되고 있어서 그 순모임의 연장으로 목장모임을 하면 될 거라고 생각했다. 그런데 이것이 매우 위험한 시도라는 것을 나중에 깨달았다.

몇 주 후에 전 교인이 네 목장 중에서 자신들이 갈 목장을 선택했다. 1지망, 2지망, 3지망까지 원하는 목장을 선택하게 했는데, 어느 정도 분포가 균형 있게 형성된 듯하였다. 이것은 마치 축제같이 진행되었다. 이렇게 목원들을 배정한 후 네 명의 목자들과 목녀들을 포함하여 목사와 사모까지 제1차 목자 수련회를 1박 2일간 가졌다. 그리고 2007년 6월 하늘문교회 가정교회가 출범했다. 주일예배 중에 목자서약을 받고 목자임명을 하였다.

그 주에 네 개의 목장이 첫 모임을 가졌다. 그때만 해도 나는 가정교회의 목장은 이전의 소그룹을 좀 더 강화한 형태라고 생각하고 있었다. 가정교회에 대한 담임목사의 확실한 마인드 전환은 가정교회로의 시스템 전환보다도 훨씬 중요하다는 것을 새삼 알게 되었다.

4. 혼동의 시간

갑자기 두 목자가 사임하다

가정교회로 전환한 후 6개월이 꿈결같이 지나갔다. 네 개의 목장은 저마다 목자 목녀의 헌신으로 매주 금요일 저녁 또는 토요일 저녁에 찰떡처럼 모였다. 세 개의 목장은 20~30대로 싱글과 부부들이 모였고, 나머지 한 개 목장은 60~70대 어머니들로 구성되었다.

매주 목녀들이 밥을 해야 하는 문제는 우리의 경우 아무 문제가 되지 않았다. 한 목장은 VIP 전도가 너무 잘되어 신기할 정도였다. 연세가 60~70세 되신 여성 어른들로 구성된 목장인데 1년 반 만에 세 명의 VIP가 목장에 참여하고 예수님도 영접하였다.

그런데 가정교회를 시작한 지 6개월쯤 후에 예상치 못한 사건들이 발생했다. 2008년 2월에 한 대행목자가 사임하겠다고 말했다. 그 형제는 성도들이 목장을 선택할 때 가장 인기 있었던 목자여서 충격이 아닐 수 없었다. 그런데 그로부터 한 달쯤 있다가 또 다른 목자가 찾아왔다. 자기도 도저히 힘들어서 못하겠다고 했다. '이를 어쩌나?'

위임에 혼란이 오다

그들이 나에게 찾아오기 얼마 전부터 심상치 않은 분위기가 감지되었다. 일찍 사임한 목자의 경우 목장사역 초기에는 목녀와 환상적인 팀워크를 이루어 잘하고 있었다. 그런데 4~5개월쯤 후에 목녀가 직장 문제로 목장모임에 빠지는 등 목녀의 지원을 잘 받지 못하면서 목원들에게서 하소연이 흘러나오기 시작했다. 나 역시 가정교회 초년병으로서 위임의 문제를 정리하지 못하고 있을 때였다. '목장사역을 목자에게 맡겼으면 철저하게 위임하라, 담임목사가 목장사역을 하거나 목장의 목원들을 직접 케어하면 가정교회로의 온전한 전환이 그만큼 힘들어진다!'고 알고 있던 위임의 원칙에 혼란이 생겼다. 또 '목자가 사역을 잘하지 못하더라도, 섣불리 개입하지 말고 바닥을 칠 때까지 놔두면 그가 하나님 앞에 기도하면서 스스로 일어서는 훈련을 받게 된다!'고 알고 있던 원칙들에 대해서도 혼란이 와 고민하게 되었다.

나는 그 목자와 목장에 어떻게 대처해야 할지 이러지도 저러지도 못했다. 아내와 나는 이 문제를 가지고 오랜 시간 동안 심각하게 토론을 하기도 했다.

가정교회에서 어려운 것 중 하나는, 어떤 문제가 발생했을 때, 이것이 개척교회이기 때문에 생겨난 문제인지, 가정교회 전환시 원칙을 이행하지 못하여 발생한 문제인지 분간하기가 쉽지 않다는 것이었다.

사실, 일반적으로 개척교회는 모든 일이 담임목사 손에 달려 있다. 모든 권한과 책임이 담임목사에게 있다. 그런데 가정교회는 목자에게 권한과 책임을 위임하는 것을 원칙으로 한다. 이 두 가지가 상충되면서 혼란이 가중되었다.

나중에 깨닫고 보니, '위임'이란 담임목사가 목자보다 먼저 나서서 목자가 사역하는 목장을 간섭하지 않는다는 뜻이었지, 담임목사가 목자를 전혀 care하지 않는다는 뜻이 아니었다. 오히려 개척교회의 경우, 목사는 목자를 더 많이 보살피고 섬겨야 하는 것이었다.

당장 네 목자 중 두 목자가 주저앉은 일이 문제였다. 그 중 한 목장은 목원들이 거의 VIP 수준이어서 예비목자로 천거할 목원이 없었기 때문에 모든 목원을 다른 목장으로 가게 했다. 그리고 다른 한 목장은 목원들이 투표하여 남자전도사를 목자로 선출하였다.

그렇게 긴급조치는 했지만 교회의 분위기는 뒤숭숭했다. 사임한 두 목자 중 한 사람은 사임 후 영적 침체에 들어갔고, 마침내 2008년 말에 교회를 떠났다. 다른 한 목자도 직장 일이 바쁘다며 6개월이 넘도록 예배에 나오지 않았다. (그는 6개월 이후에 다시 예배에 나왔다) 사임한 목자의 목원들도 당혹스러워했기 때문에 나는 목원들을 민감하게 살펴야 했다. 나와 아내는 기도원에서 3일 동안 하나님께 엎드려 하나님의 도우심을 구했다. "하나님, 저를 불쌍히 여겨주십시오. 갓 태어난 이 작은 가정교회에 긍휼을 베풀어주십시오!"

우리 부부는 하나님 앞에서 조용히 자기 성찰을 하고, 무엇이 문제였는가를 진단해 보았다. 그때 하나님께서 몇 가지를 깨닫게 해주셨다. 가정교회로 전환하고 목자를 세울 때 내가 간과하거나 실수한 것들이 생각났다. 그때만 해도 나는 가정교회의 목장은 이전의 소그룹을 좀 더 강화한 형태라고 생각하고 있었다.

나의 가장 결정적인 실수는 가정교회로 전환하기 전에 시범목장모임을 하지 않은 것이었다. 네 개의 목장이 출범하기 전에 시범목장모임이 필수였는데 그것을 대수롭지 않은 과정으로 여긴 것이 중대한 착오였다. 시범목장모임이란 담임목사와 사모가 목자 목녀가 되고 예비목자 목녀들이 목원이 되어 몇 개월 또는 1년 정도 실제 목장모임을 경험하게 하는 것이다. 가정교회는 보고 배우는 시스템인데 목사와 사모가 평신도들에게 마땅히 보여주었어야 하는 목장사역의 시범을 중요하게 여기지 않은 것이 실수였다.

이미 어느 정도의 규모로 가정교회를 하고 있는 교회에서는 시범목장모임을 하면 좋지만, 반드시 해야 할 필수사항은 아니다. 그러나 처음 가정교회로 개척하거나 개척교회에서 가정교회로 전환할 때는 반드시 시범목장모임이 필요하다. 시범목장모임에서 담임목사와 사모의 목자 목녀 역할을 충분히 보고 배워야 평신도 목자가 잘 따라

할 수 있다.

또 하나는, 사임한 두 명의 목자는 믿음도 아직 약하고, 다른 부족한 약점이 있었다는 것이었다. 위에서 말했듯이, '가정교회 목자는 좀 믿음이 부족하거나 훈련이 안 되어 있어도, 일단 세우면 목자사역을 하면서 변화된다'고는 배웠지만, 이 경우도 보고 배울 선배목자가 없는 개척교회에는 해당되지 않았다.

목자 네 명 중 두 명이 중도 탈락한 사건으로 인해 나는 담임목사인 내가 목장을 직접 경험해보고 배워야 한다는 것과, 또 처음부터 가정교회로 개척교회를 하는 목회자에게 원형목장 운영은 개척준비부터 반드시 필요하다는 것을 깨달았다. 그리고 다른 개척가정교회에서 목자를 세울 때 시행착오를 줄이기 위해 꼭 필요한 가정교회 개척 사례들을 서로 나눌 필요가 있다고 생각했다.

5. 문제점들이 해결되다

나는 가정교회 지역모임에 열심히 참여했다. 당시 용인수원지역 모임(당시 경기중부지역)이 성남 성안교회 계강일 목사님의 리더십에서 바로 분가되어 수지 제일교회 박경남 목사님을 지역목자로 열 명 정도의 목회자 부부가 매주 모였다.

이 모임에서 나는 '가정교회 Q&A'를 받으며 우리 교회의 문제점들을 나누었다. 가정교회 지역모임은 가정교회 목회자들의 목장모임 (각주 6) 성격을 가진다. 마치 우리 가정의 건강을 돌봐주는 주치의를 만난 것처럼 나는 우리 교회의 실패를 매주 목요일 지역모임에 가서 솔직히 오픈하고 문제해결 방법에 대해 논의했다. 평신도들의 목장모임에서도 그렇듯이 모든 문제의 해결책은 솔직한 나눔에서 출발한다. 지역모임에서의 나눔은 곧 정서적 치유와 충전을 가져올 뿐 아니라 지혜로운 대안까지 제공한다. 지역모임에서 나눈 후에 나는 이 실패를 솔직히 인정하고 대안들을 마련하여 곧 실행에 옮겼다.

먼저 나는, 두 명의 대행목자가 중도 하차한 일과 관련하여 주일예배 때 성도들에게 가정교회 전환과정에서 담임목사가 시범목장모임을 통해 충분히 본을 보여주지 못한 것을 시인하고 사과했다. 두 명의 목자와 목녀들에게도 따로 만나 미안함을 표시하였다. 그리고 새로운 대행목자를 포함하여 예비목자 가능성이 있는 세 가정을 모아 담임목사 사택에서 매주 금요일 시범목장으로 모이기 시작했다. 마침 그 당시에 먼 지역에 살다가 이사 온 새 교우 부부가 있어서 목장으로 넣기 전에 우리 부부와 함께 9개월 정도 시범목장모임을 가졌다.

이렇게 나의 착오와 실패를 인정하고 일련의 회복 과정을 밟고 있던 중에 최영기 목사님께서 용인수원지역모임을 방문하셨다. 나는 나의 교회의 실패 경험을 나누고 목회자 세미나 교안에 개척가정교회에게 적용할 매뉴얼을 요청하였고, 최영기 목사님은 그 이후 몇몇 개척가정교회 목회자들의 개척가정교회의 아이디어들을 목회자 세미나 교안에 넣어 여러 사례들을 함께 나눌 수 있게 하셨다.

6. 섬김 무한리필!

실수도 있었고 혼란도 있었지만 가정교회로 전환하고 나의 목회방향이 확실히 정해졌다는 점에서 나는 너무 행복하다.

지도자가 이리 갈까 저리 갈까 고민하는 것처럼 불안한 일은 없다. 가정교회가 성경적 공동체를 지향하고 있다는 것을 확신하기 때문에 약간의 착오와 실수가 있다고 해도 우리 교회가 어디로 가야 할 것인지에 대해서는 분명하다.

목장모임은 비신자가 부담 없이 신자들과 교제하다가 믿음을 갖게 되는 최상의 분위기를 제공한다. 예를 들어 한 목장의 경우, 지난 1년 반 동안 3명의 VIP가 예수님을 영접하고 목원으로 정착했는데, 그들은 모두 한결같이 아마도 목장모임이 아니었다면 교회에 나오기 어려웠을 거라고 고백했다.

기관차 뒤에서 질질 끌려오던 객차였던 우리 교인들이, 가정교회로 전환한 후 모두 기차의 맨 앞에서 달리는 기관차가 되었다고 확신하는 두 가지 사건이 있었다.

하나는 전 교인들의 영적 단합을 위해 2009년 1월 말부터 3월 초까지 전교인 40일 특별새벽기도회를 시도한 일이다. 그것은 큰 모험이었고 우리 교회로서는 큰 도전이기도 했다. 성도들의 집이 멀어서 평일에도 새벽기도에 잘 나오지 못하고 있었고, 특별새벽기도회같은 것은 한 번도 시도해보지 못했었다. 더욱이 같은 기간에 나는 최영기 목사님의 부르심으로 개척교회가정교회 목회자들 가정을 연수하기 위해 1월 말부터 3주간을 휴스턴 서울교회에 가기로 되어 있었다. 내가 나의 연수기간과 우리 교회의 특별새벽기도 기간을 같은 시기에 잡은 것은, 담임목사가 없는 기간에 과연 특별새벽기도회가 가능한지 도전해보기 위해서였다. 담임목사가 있을 때도 시도하지 못했던 일을 담임목사가 없는 동안 처음으로 시도한다는 것은 대단한 모험이었다. 그런데 나 없는 40일 동안 성도의 70퍼센트가 새벽기도에 동참하였다. 내가 미국에 있는 동안 성도들은 매일 '목사님 안 계시는 동안에 우리가 새벽을 깨우고 있다'는 문자를 보내왔다. 이 최초의 40일 특별새벽기도는 우리 교인들의 영적 단합과 우리 공동체에 대한 자부심이 고양되는 계기가 되었다. 이것은 담임목사 주도적인 교회체제가 아니라 평신도 목자의 리더십 안에서 목장들의 연합이 있었기 때문에 가능한 일이었다.

또 한 가지는, 최근에 나이 드신 여성 어른 목장의 목자가 열병으로 병원에 입원했을 때의 일이다. 그 목장의 목원 다섯 명은 모두 초신자이거나 VIP 출신 성도였다. 1년이 넘게 목자 집에서 목장모임을 하다가 이제 각자 집을 오픈하기 시작할 무렵 목자가 병원에 입원을 했다. 문병을 간 나에게 그 목자는 목장모임을 병원에서 문병 겸 하겠다고 말했다. 그런데 그 말을 들은 목원들이 목장모임을 목자 없이 나중에 목원들끼리 스스로 하겠다고 말했다. 그 말을 듣고 병상에 누워 있던 목자도 놀라고, 나도 놀랐다. 과연 목사나 목자없이 목장모임을 할 수 있겠느냐고 물었더니 목원들은 그동안 목자님이 하는 것을 보고 배운 대로 하면 된다고 말했다.

2009년 2월, 2주간 나는 여섯 가정을 데리고 휴스턴 서울교회로 연수를 갔다. 그 기간 동안 나는 '섬김의 목회'를 체험하고 돌아왔다. 내가 본 최고의 가정교회인 서울교회는 섬김의 양육 시스템이었고 마치 섬김의 공장 같았다. 목사와 목자와 목원과 VIP가 섬김의 고리처럼 엮어져 있었다. 이 현장을 보고 배운 후에 나는 가정교회의 모든 힘은 섬김의 무한리필에 있다고 확신하게 되었다.

- 목사는 목자의 사역을 섬기고, 말씀과 기도로 모든 성도의 영적 필요를 채운다.
- 목자는 목원들을 섬기되, 기도로 영적 필요를 채우고 정서적으로 물적으로 섬긴다.
- 목원은 VIP들을 섬기되, 그들의 일상의 필요를 헤아리고 채워 목장으로 초청한다.

가정교회에서는 현재 목장이 몇 개인가, 현재 성도 숫자가 몇 명인가는 중요한 수치가 아니다. 중요한 것은 담임목사의 섬김의 용량이며 가정교회 마인드로의 끊임없는 정직한 몸부림이다. 이 몸부림은 한 영혼을 놓고 세 가지에 집중하는 것을 의미한다. "섬기면서, 기도하며, 기다린다!"

그렇지 않으면 가정교회는 실패한다. 이 세 가지에 집중하지 못하는 개척교회 목회자는 다음의 세 가지에 빠진다. 즉 조급증과, 자기연민과, 매너리즘이다. 앞의 세 가지를 매일 연습하고 뒤의 세 가지와 날마다 싸워 이기는 사람은 개척가정교회의 승리자가 될 수 있다고 믿는다.

교회 넷,
포커스교회 _ 이동근 목사

나는 하나님께서 기뻐하시는 교회가 어떤 교회일까 기도하다가 '하나님께 집중하여 하나님의 뜻을 정확히 알고 그 뜻을 이루는 교회'라고 생각하고 그런 교회를 세워야겠다고 생각했다. 그래서 교회 이름을 '집중교회'나 '초점교회'로 할까 생각해 보았는데 아무래도 너무 촌티가 나는 것 같았다. 이리 저리 생각하다 좀 현대감각이 있어 보이는 '포커스'를 넣어 '포커스교회'라고 이름 지었다. 어렵게 교회 이름을 짓고 교회이름의 첫 글자로 하나님께 집중하는 공동체의 모습을 그려 보았다.

F: Fellowship 교제하는 공동체

O: Outreach 전도, 선교하는 공동체

C: Chapel 예배하는 공동체

U: Undergo Training 훈련하는 공동체

S: Service 섬기는 공동체

이렇게 교제하고, 전도하고, 예배하고 훈련하고 섬기며 하나님께만 집중하는 포커스교회(FOCUS Community Church)가 탄생하였다.

1. 포커스를 맞추면 보인다

라이언 일병을 구하라

미신을 많이 믿는 동해안 바닷가에서 태어나 대학 1학년 때 아내를 만나 2학년 때부터 아내와 결혼하기 위해(?) 신앙생활을 시작했다. 교회에 나가자 아내는 나를 붙들고 성경을 가르쳤다. 마침 그때 아내는 성경공부 배운 것을 가르칠 실습 대상자가 필요했는데 마침 내가 첫 실습생이 된 것이다.

수업 시간에 아내는 "자신이 지금 가르치고 있는 내가 언젠가는 신앙의 리더가 되게 해 달라"고 기도하였다. 그때까지만 해도 교회만 다니면 천국 가고 신앙생활 잘 하는 것이라고 알고 있었던 나는 인격적으로 예수 그리스도를 만나게 되었고 예수님을 내 인생의 주인과 구세주로 영접하였다.

예수님을 영접하고 교회에서 교사로 섬겼다. 열심히 섬기니 우리

반이 점점 부흥하였다. 그러던 중 어느 날 담임목사님께서 초등부 주일학교부장을 맡으라고 하셨다. 그렇게 나는 20대에 주일학교부장이 되어 학생들을 가르치고 섬기면서 사람을 키우는 사역을 해야겠다는 사역 철학을 세우게 되었다.

그 즈음에 〈라이언 일병 구하기〉라는 전쟁영화가 상영되었다. 한 집안에서 네 명의 형제가 모두 제2차 세계대전 당시 노르망디 상륙작전에 투입되었는데, 밀러 대위는 우연히 전사자 통지서를 작성하던 중 삼형제가 전사한 것을 발견한다. 거기다가 막내 라이언 마저도 생사를 알 수 없었다. 이에 미 행정부는 한 집안의 형제들을 모두 전쟁에서 잃게 할 수 없다는 판단을 내리고 막내 제임스 라이언을 구출해서 집으로 보내라는 명령을 내린다. 그 명령을 받은 밀러 대위는 전쟁터에서 '단 한 사람' 라이언을 구하기 위해 온갖 위험을 무릅쓰고 라이언 일병을 구하는 임무를 완수한 후 죽어가면서 자신들의 죽음이 헛되지 않도록 최선을 다해 살아달라고 라이언 일병에게 부탁한다. 생명의 은인의 부탁대로 라이언 일병은 최선을 다해 살았고, 라이언 일병은 훗날 국립묘지에 자신의 가족을 데리고 가서 "당신의 부탁을 지키기 위해 최선을 다해 살았노라"고 하며 자신의 가족을 인사시킨다. 그 장면이 예수님께서 십자가에 죽어가면서 "나의 죽음이 헛되지 않게 최선을 다해 살아라"라는 장면으로 내 머릿속에 오버랩 되면서 나는 한없이 울었다. 나도 나중에 주님 앞에 서서 "당신의 죽음이 헛되지 않게 최선을 다해 살았습니다"라고 말하며 내게 맡겨 준 어린아이들을 그 증거라고 보여드리고 싶었다. 나는 바로 아내와 상의한 후 직장을 그만두고 신학교를 갔다.

"교회가 뭐지?"

부교역자로 사역할 때 하나님께서 많은 부흥을 경험하게 해주셨다. 어린이교회로부터 시작하여 청년과 장년 사역을 하게 되었다. 점점 성도들이 늘어났고 교회는 성장하였다. 그런데 행복할 것 같았던 내가 그다지 행복하지 않았다. 주위를 둘러보니 성도들도 행복해하기보다는 점점 힘들어하는 것 같았다. 주일예배 참석하는 것을 신앙생활의 전부인 것처럼 착각하는 성도들도 있었고 봉사가 예배인 것처럼 착각하는 성도들도 있었다.

교회의 존재 목적이 무엇인지 모르니 속도가 나면 날수록 모래 위에 더욱 높게 집을 짓는 것 같은 불안감만 더해갔다. 성도는 늘어갔지만 제자는 늘어나지 않았다. 교회는 성도들의 영적 성숙보다는 주일 예배 참석하는 숫자가 늘어나는 것에 만족했고, 주일 예배숫자를 줄어들게 한 결석자를 심방하는 것이 내 사역의 대부분이었다.

그동안 부교역자로 사역을 하며 D12와 제자훈련 그리고 대규모 전도운동을 경험하였지만 성도가 늘어나는 것보다 더 갈급한 고민은 교회에 대한 고민이었다. '교회가 뭐지?' 나는 교회의 본질에 대해 심각하게 고민하였다. '교회는 어떤 곳이어야 하지? 목사는 뭘 하는 사람일까?' 고민 끝에 섬기던 교회를 사임했다.

교회의 본질에 대해 고민하며 개척을 준비하는 중에 울산 다운공동체교회 박종국 목사님을 찾아갔다. 목사님은 개척을 하려면 가정교회로 개척할 것을 적극적으로 권유하였다. 그날 저녁에 나는 설레는 마음에 연락도 하지 않고 울산 다운공동체교회 목장모임에 참석하였다. 마침 그 목장의 목자 목녀는 예전에 함께 신앙 생활했던 집사님들 가정이었는데 이제는 장로님과 권사님이 되어 목자 목녀로 섬기고 있었다.

목사님의 확신에 찬 권유와 너무도 변화된 장로님, 권사님, 그리고 불시에 찾아간 목장이지만 교인들과 VIP들이 참석해서 밥을 먹고 이야기를 나누는 모습을 보면서 그동안 꿈꾸어 왔던 교회의 모습을 구체화시킬 수 있었다. 그리고 목사님으로부터 세 권의 책을 선물로 받아 집에서 꼼꼼히 읽었다.

그 이후 D12를 하다 가정교회로 전환한 한 목사님을 만났다. 처음 만났지만 그 목사님은 너무 편안하게 나를 맞아주셨고 가정교회로 전환한 이후의 행복한 목회이야기를 들려 주셨다.

나는 가정에서 예배를 드리며 개척을 시작했을 때 가정교회 지역모임에 참석하였다. 개척교회들이 모여 지역모임을 하는 용인 하늘문교회 배영진 목사님을 찾아갔다. 서로 비슷한 처지에 있는 목회자들끼리 서로 위로받고 도전받는 모임이었다.

용인 하늘문지역모임의 목회자들은 교회를 개척하여 성도들은 많지 않았지만 성경적인 교회를 하고 있다는 자부심이 대단하였다. 그곳에 모인 분들은 정말 행복하게 목회를 하고 있었다. 내가 개척할 교회의 모습이 좀 더 구체화되어 갔다.

두 달 정도 그 모임에 참석한 후에는 울산 큰빛교회에서 주관하는 목회자초청 가정교회 세미나에 참석하였다. 그곳에서 최영기 목사님과 함께 가정교회와의 본격적인 만남이 시작되었다. 아니, 신약성경에서 말하는 교회와의 만남이 시작되었다.

영혼 구원하여 제자 삼는 것이 교회의 존재목적임을 확인하고, 예수님께서 보여주신 보고 배우는 시스템의 성경적인 제자훈련이 목장에서 이루어지는 것을 보았다. 그리고 성도를 온전하게 하여 목양하게 하므로 성경적인 사역 분담과 함께 남을 성공시키는 것이 진정한 섬김이라는 것을 알게 되었다. 이것을 배우면서 지금까지 만났던 가정교회로 목회하시는 목사님들이 왜 그렇게 나를 섬겨주었는지를 알게 되었다. 그것은 다른 사람을 성공시키기 위한 진정한 섬김이었다.

목회자 세미나 이후 가정교회에 대한 속도를 더 낼 수 있었던 것은 가정교회를 하는 지역 목사님들과의 만남 때문이었다. 목회자 세미나 이후 용인 하늘문지역에서 교회가 속해 있는 강서지역모임으로 옮겼다. 이곳에서 앞서 이 길을 걸어가는 목사님들을 보면서 많은 도전을 받았다. 특히 지역 목자이신 나종열 목사님과 사모님의 격려와 칭찬은 우리로 하여금 더욱 가정교회에 빠져들게 만들었다.

2. 아이들과 교회를 세우다

개척교회가 국내선교를 하다

    드디어 나는 가정교회로 개척을 하였다. 2011년 2월 27일에 첫 예배를 우리 집에서 우리 가족끼리 드렸다. 그런데 얼마 후, 아는 분이 자신이 세례(침례) 받은 기념으로 의미 있는 일을 하고 싶었다며 천만 원을 보내왔다. 그분은 내가 사임하는 날부터 새벽마다 나를 위해 기도하였다고 했다. 그분의 섬김이 얼마나 고마운지 눈물이 났다. 나는 5백만 원을 구해 보태서 주택가 근처 상가 지하를 계약했다. 약 40평 되는 공간이었다. 그렇게 5월에 교회를 마련하였다.

    그리고 7월 2일 공식적으로 교회 설립예배를 드렸다. 많은 사람들이 참석하여 축하해 주었다. 그 자리에 축하하러 오신 분들이 정성껏 헌금해 주신 돈으로 나도 의미 있는 사역을 하고 싶었다. 그래서 나는 이 땅에 건강한 하나님의 교회가 세워진 것을 기념하여 국내선교를 하기로 하였다.

    마침 무안에 있는 동기 목사와 연락이 되어 무안에 있는 교회의 여름성경학교를 인도해 주기로 하였다. 그 지역에 있는 5개 교회가 연합하여 모이고 우리가 가서 섬기기로 하였다. 우리 가족을 포함해서 12명을 모아 무안으로 선교를 떠났다. 아이들에게 줄 선물과 공과도 준비해 갔다. 무안에 도착하니 60여 명의 아이들이 모여 있었다. 무안의 목사님들은 서울에 있는 교회가 와서 여름성경학교를 해 준다고 하니 대형교회에서 오는 줄 알았는데, 우리 교회가 이제 개척한 지 한 달 된 어려운 교회인 것을 알고는 적잖은 충격을 받는 것 같았다. 나는 하나님께만 포커스를 맞추었기 때문에 하나님 나라를 위한 일이라면 우리 교회가 크든 작든 아무런 상관이 없다고 생각한다.

아이들 네 명, 우리 교회 첫 성도가 되다

무안에서 기쁨으로 여름성경학교를 마치고 돌아오는 길에 서울에 있는 어느 교회에서 우리 교회에 여름성경학교를 해주러 오겠다는 전화가 왔다. 나는 순간 당황했다. 왜냐하면 그때까지 우리 교회에는 아이들이 한 명도 없었기 때문이다.

"하나님, 이를 어쩌죠? 이웃교회에서 우리 교회에 여름성경학교를 해주러 온다네요? 그런데 정작 우리 교회에는 아이들이 없잖아요? 뭐라고 대답할까요? 우리가 부안에서 기쁨으로 섬긴 것처럼 그분들에게도 기쁨으로 섬길 기회를 주고 싶어요."

순간 나는 그 교회에 "네, 고맙습니다."라고 대답을 해버렸다. 서울로 올라오자마자 바로 아이들을 전도하러 거리로 나갔다. 그때 만난 아이들 4명이 우리 교회 첫 성도가 되었다. 그 아이들과 함께 우리는 몇 주 동안 매일 밥도 먹고 공부도 하고 율동도 하며 성경학교를 준비했다. 드디어 여름성경학교가 시작하는 날, 우리가 전도한 아이들과 다른 교회에 다니는 아이들 그리고 한 번도 교회에 와보지 않은 아이들, 이렇게 모두 25명이 모였다. 여름성경학교가 끝나고 다른 교회 다니는 아이들을 제외한 15명의 아이들이 남았고 나는 그 아이들과 함께 교회를 시작했다.

밥값으로 수요예배에 참석하다

아이들은 수요일 저녁예배에도 왔다. 매일 학교 갔다 오면 교회로 와서 놀았다. 부모들이 거의 맞벌이를 하고 있었기 때문에 그동안 학원에 가지 않으면 아이들은 방치되어 있었던 것이다. 아이들은 교회 밥을 너무 잘 먹었다. 그러던 어느 수요일 저녁에 한 아이의 어머니가 아이를 따라 교회에 왔다. 아이가 집에서는 밥을 먹지 않는데 교회만 가면 그렇게 밥이 맛있다는데 도대체 무슨 반찬을 하는지 궁금해서 왔다고 했다. 마침 저녁을 먹고 있던 중이라 우리는 숟가락을 더 놓고 아이의 어머니와 함께 저녁을 먹었다. 예배시간이 되자 아이의 어머니는 "밥을 먹었으니 밥값은 해야지요." 하고는 밥값으로 수요예배에 참석했다. 포커스교회에서 세례(침례)를 받은 첫 장년성도가 되었다.

3. 그 교회를 세우라

가정교회를 세우다

목회자 세미나를 다녀온 이후부터 우리 가정에서 원형목장을 시작했다. 물론 처음에는 우리 가족들뿐이었다. 가끔 한 분씩 초청해서 식사를 하고 나눔을 하였지만 쉽지는 않았다. 그러다 본격적으로 목장이 시작된 것은 여름성경학교를 마치고 아이들과 함께 목장을 할 때부터이다. 이즈음 처제 가정이 교회에서 파송을 받고 우리 교회로 왔다. 2년만 우리 교회에서 가정교회를 경험해보고 결정하라고 하였다. 처제 가정은 6개월이 되지 않아 아예 우리 교회 옆으로 이사를 왔다. 처제는 대형교회에서는 경험하지 못한 하나님의 살아계심을 우리 교회에서 경험하는 것이 마치 선교지에 있는 것 같다고 말했다.

우리 집에서 매주 모이는 목장모임에는 전 성도들이 다 모였다. 입이 열려야 마음이 열린다. 우리는 밥을 먹고 찬양을 하고 교사가 그 주에 있었던 주일 설교를 요약해서 발표를 한다. 그리고 말씀을 실천한 것과 감사의 제목들을 나눈다. 매 주마다 살아있는 간증들이 넘쳐났다. 말씀 실천을 통해 제자훈련 이상으로 성도들이 변화되는 것을 경험하였다. 특히 가장 많이 도전 받고 은혜 받는 사람은 역시 말씀을 요약하는 교사인 것 같다. 아이들도 나눔에 동참했다.

하루는 나눔 시간에 둘째 아들이 조금 충격적인 말을 했다. 그 아이는 내가 전도사일 때는 꿈이 전도사였고 내가 강도사일 때는 강도사였고 목사일 때는 꿈이 목사였다. 그런데 그날은 자신의 꿈이 무엇인지 모르겠다고 말했다. 아들의 진실 된 나눔을 통해 지금 아들에게 무엇이 필요한지 알 수 있었다. 그때 둘째 아들과 나보다 더 많은 이야기를 한 것은 큰 아들과 21살의 청년들이었다. 자신들도 동일하게 걸었던 길이었기에 둘째 아들에게 많은 이야기를 해줄 수 있었다. '왜 그랬느냐'는 질책이나 판단보다는 자신이 경험한 것을 이야기해 주니 둘째에게 실제적인 도움이 되었다. 지금 둘째 아들은 청소년들의 꿈을 찾아주고 꿈을 이룰 수 있도록 돕는 사람이 되기 위해 준비하고 있다. 비전을 이루기 위해 청소년 관련 학과와 상담 관련 학과에 지원하고 있다.

1년 동안 우린 부지런히 밥을 했다. 1년이 지난 후 장년 목장이 분가를 하게 되었고 청년 싱글 목장은 따로 모이게 되었다. 그리고 얼마 후 청소년 목장과 아이들 목장도 따로 모이게 되었다. 지금은 장년 2개 목장, 청년 싱글 2개 목장, 청소년 1개 목장과 어린이 목장이 모이고 있다.

청소년 목장은 주일 오전 예배 후에 식사를 하고 모인다. 청년 중 한 명이 아이들의 예비목자[19]로 세워져 있다. 드럼을 전공하기 위해 서울로 올라왔는데 우리 집에서 함께 살면서 지금은 청소년들을 지도하고 있다. 평신도 세미나를 다녀오고 가정교회를 하며 이전에 경험하지 못했던 새로운 것들을 경험하면서 청년의 비전이 바뀌기 시작했다. 처음에는 멋있는 드러머가 꿈이었지만 이제는 사람을 세우는 사역자가 되기를 원하고, 예배인도자로 하나님께 헌신하기를 원한다.

청년 싱글목장은 3주년 기념으로 분가를 하였다. 처음에는 두 명의 청년 목자를 세워 분가시키려고 했는데 한 명이 도저히 자신이 없다고 하여 우리가 그대로 한 목장모임을 인도하고 한 목장만 청년 목

---

19) 분가를 대비하여 예비해 놓은 장차 목자가 될 목원

자를 세워 분가를 시켰다. 이 청년 목자는 우리 교회에 와서 처음으로 신앙생활을 하고 예수님을 인격적으로 만나 예수님을 영접하고 세례(침례)를 받고 '생명의 삶'과 '확신의 삶' 과정을 마치고 허그식을 한 첫 성도이기도 하다. 처음 이 청년을 목장모임에 초청하였을 때의 일이다. 그 청년에게 '목장'에 오라고 했더니 그 청년이 우리 동네 주변에 양을 키우는 '목장'이 어디에 있는지 인터넷 검색을 하였다고 했다. 또 청년은 비가 오면 장화를 신고 가야 하느냐고 묻기도 했다. 그런 친구가 목장모임과 '삶공부'를 통해 변화 받고 세미나를 다녀오고 난 이후에 예배 시간에 앞에 나와 찬양으로 헌신하고 목자로 섬기고 있다.

이 청년 싱글목장은 중국 선교사님과 한국의 개척교회를 후원하고 있고, 청소년 목장도 개척교회를 후원하고 있다. 우리도 후원 받는 미자립 교회이지만 장년 목장에서 나온 헌금을 베트남 선교사님과 인도 선교사님을 후원하고 있다.

우리 교회는 현재 주일학교 어린이교회 아이들이 15명, 중·고등학생이 12명, 청년이 12명, 장년이 15명 출석하고 있다. 교육관이 필요하여 건물 1층을 얻어 주일에는 교육관으로 사용하고 주중에는 한글·영어 교습소와 도서관으로 사용하다가 얼마 전에 좀 더 넓은 곳으로 이전하였다.

남들과 비교하지 않고 처음부터 성경적인 교회를 세우고자 하는 열정을 보시고 하나님께서 이렇게 복을 주셨다. 그리고 변화된 성도들의 삶이 전도지가 되어 지금도 교회가 역동적으로 움직이고 있다.

이제부터는 새롭게 시작할 이들을 위해 그간의 경험을 통해 시행 그들이 착오를 줄일 수 있도록 디딤돌을 놓고자 한다.

또 하나의 교회가 아닌 그 교회를 세우라

교회를 개척하면서 우리는 한 가지 질문에 답을 해야 한다. "왜? 수많은 교회가 있는데 이곳에 교회를 세우려고 하는가? 다르게 말하면 이곳에 교회가 필요한가?"에 대한 답을 해야 한다. 이 답은 개척자에게도 필요하고 다른 사람들에게도 필요하다. 그것이 교회의 존재 목적이기 때문이다.

나는 이 질문에 답하기 위해 교회를 좀 더 알아야 했다. 아내와 책을 읽고 나눔을 했다. 그렇게 하면서 교회의 모습을 그려갔다. 그런 가운데 가정교회를 만나게 되었다. 가정교회는 책을 통해 배운 이론을 실제로 실천하는 교회였다.

내가 생각해왔던 교회에 대한 사명보다 훨씬 구체적인 사명을 만나게 되었다. 그리고 그것이 곧 건강한 교회인 것을 알게 되었다. 예수님께서 부탁하신 그 사명을 이루는 것이 교회가 해야 할 일이었다. 그것은 영혼 구원하여 제자 삼는 일이다. 그리고 그것이 곧 하나님의 소원을 이루는 것임을 알게 되었다. "하나님은 모든 사람이 구원을 받으며 진리를 아는 데에 이르기를 원하시느니라(딤전2:4)"

내가 개척한 지역은 서울의 강서구이다. 강서구에는 크고 작은 450개의 교회가 있었다. 나는 내가 개척하는 교회가 451번째의 교회가 아닌 그 교회가 되기를 원했다. 이미 세워진 수많은 교회가 우리의 경쟁상대가 아니라 아직도 진리를 알지 못하여 헤매는 많은 영혼들을 위해 이 지역에도 건강한 교회, 하나님의 소원을 이루는 교회가 필요하다고 생각했다. 이렇게 본질을 붙잡고 가니 외롭지 않다. 그리고 비교하지 않으니 행복하다.

4. 허니문은 끝나고

떠나는 성도는 붙잡지 않는다

사역을 하다보면 좋은 일만 있는 것은 아니다. 때로는 힘겨운 시간들도 있고 공동체 안에서 갈등이 생기는 경우도 있다. 이러한 때에 공동체를 안전하게 지키는 길은 본질을 붙잡는 것이다. 교회의 존재 목적을 생각하면 위기의 순간을 넘어설 수 있다.

교회를 시작하고 1년쯤 지났을 때 한 가족이 새로 들어왔다. 전에 다니던 교회에서 전도를 잘 했다는 집사님이었다. 그 집사님은 전에 다니던 교회 목사님의 허락을 받고 우리 교회로 왔다. 우리 교회에서는 기본적으로 예수 영접 모임을 거치고 '생명의 삶' 과정을 거쳐야 등록이 되기에 그렇게 하였다.

장년 목장이 분가를 하게 되어 우리는 그 가정만을 데리고 목장을 시작하였다. 우리의 바램은 그 가정이 온전히 세워지는 것이었다. 사역보다 우선하는 것이 가정의 회복이라고 생각했기 때문에 우선 가정에서 가족 구성원들이 각자의 역할을 잘할 수 있도록 도왔다. 많은 시간 공을 들였다.

남편은 나와 함께 '확신의 삶'도 공부하고 점점 신앙이 깊어져 십일조 생활과 주일 성수를 결단하며 변화되어 갔다. 그런데 여자 집사님은 자신이 생각하는 교회의 모습과 우리가 이야기하는 교회의 모습이 다르다며 '확신의 삶' 공부를 하는 도중에 나가버렸다. 안타까웠지만 붙잡지 않았다. 그러나 '교회가 병원이다'라는 말을 듣고는 우리 병원에서 안 되면 다른 병원에 맡겨야 한다는 사실도 알게 되었다.

그 후 나는 우리 교회의 주보에 '예수님을 이미 영접하고 구원의 확신을 갖고 계신 방문자들은 자신을 더 필요로 하는 교회에 가실 것을 권합니다.'라는 문구를 넣었다.

그런데 얼마 후 기존교회에서 들어온 교인과의 사건이 또 생겼다. 다니던 교회의 건축과정에서 상처를 입었다며 우리 교회에 온 집사님 가정이 있었다. 그 집사님도 우리 교회의 원칙에 따를 것을 약속하고 함께 신앙생활을 하였는데 처음에는 무척 열심히 했다. 그러나 집사님은 이내 목장모임에서 불편한 이야기들을 하기 시작했다. 주보에 새겨 넣은 문구가 마음에 들지 않는다며, 자기들과 같은 상처 받은 사람들은 어떻게 하느냐는 것이었다. 우리는 기존 신자들을 오지 못하게 막는 것이 목적이 아니라 기존 신자보다 불신 영혼에 더욱 관심을 가지려고 그렇게 하는 것이라고 설명하였다. 결국 이 분도 '생명의 삶' 공부를 하는 도중에 자기와 함께 나왔던 가정을 데리고 교회를 떠나버렸다. 목자로서 마음이 아팠다. 함께 왔던 가정은 남편이 VIP였고 교회에 대한 호감도 생기고 교회 성도들을 위해 낚시를 하여 점심도 대접하던 분이었다. 아내와 자녀들이 잘 정착하여 재미있게 신앙생활하려는 시점이었기 때문에 더욱 마음이 아팠다.

기존 신자들은 처음 신앙생활하는 VIP들보다 교회에 적응하는 시간이 더 걸린다. 기존 신자들은 교회 생활을 가르치는 것에는 시간이 절약되지만 가정교회와 성경적인 교회를 가르치는 것에는 훨씬 많은 시간과 노력이 필요하기 때문이다. 그리고 그동안 다녔던 교회와 가정교회의 다른 모습에 대해 자기 의견들을 주장하다가 자신의 생각과 방법대로 되지 않으면 성도들에게 부정적인 말을 하며 교회를 어지럽히고 떠났다.

나는 떠나는 성도를 붙잡지 않았다. 대신 나는 교회의 존재목적을 붙잡았다. 그러한 일들로 인하여 나는 더욱 불신 영혼에 초점을 맞추게 되었다.

일하는 목사

1년이 지나니 재정적인 어려움이 시작되었다. 허니문이 끝난 셈이다. 몇몇 교회의 후원이 대부분이었던 재정이 점점 어려워지기 시작했다. 일을 하기로 했다. 처음 개척할 때부터 각오했기 때문에 일에 대한 두려움은 없었다. 그런데 막상 일을 하려고 하니 마땅히 일할

곳이 없었다. 아내도 면접까지 보았으나 토요일에도 일을 한다는 이야기를 듣고는 직장 다니는 것은 포기했다. 그리고 우리가 할 수 있는 것을 찾게 되었다. 그래서 찾은 것이 공부방이었다. 예전에도 공부방을 하였고 지역아동센터를 운영한 경험이 있기에 가정에서부터 시작하기에도 좋았다.

처음에는 교회에 다니는 아이들 중심으로 공부를 가르쳤다. 많은 돈을 주고 학원에 다니는 아이들에게 실비만 받고 공부를 가르쳤다. 어떤 아이들에게서는 아예 한 푼도 받지 않았다. 이 아이들을 데리고 1년 쯤 하다 보니 교회의 아이들이 많아졌다. 1층을 교육관으로 임대했는데 좁아져서 교회로 옮겨 좀 더 확장을 했다. 그리고 이때부터 한글과 영어를 가르쳤다. 주변의 사람들도 관심을 가졌다. 지역 주민들이 자녀문제를 상담해 오기도 했다. 그러면서 아이들이 점점 더 늘어 갔다. 비록 처음부터 아무 가진 것 없이 시작하여 재정적인 어려움에서 완전히 벗어난 것은 아니었지만 그래도 공부방이 교회 재정에 많은 도움이 되었다.

지금은 두 개의 공부방을 합하여 학원으로 허가를 받아 운영하고 있다. 넓은 곳으로 옮겨 교회와 학원을 같이 하기 때문에 임대료에 대한 부담은 늘어났지만 모든 것이 규모를 갖추어져서 감사하다. 그러나 아직 재정 문제는 여전히 숙제로 남아 있다.

나는 목회자가 교회에 재정적인 부담을 덜기 위해서는 목양에 지장을 주지 않는 범위 안에서 경제 활동을 하는 것도 괜찮다고 생각한다. 아니, 다른 별 도리가 없으니 어떻게 하겠는가? 그리고 어느 정도 교회의 규모가 커지고 목양해야 할 가족들이 늘어난다면 자연스럽게 정리하고 목양에 집중하면 될 것이다.

5. 어깨를 빌려라

기댈 어깨를 찾아라

내가 지금까지 이렇게 목회하기까지는 많은 분들의 도움이 있었다. 정말 많은 분들이 내가 기댈 수 있는 어깨가 되어 주었다. 개척을 시작하는 사람들은 주변에 있는 목회자들의 어깨를 빌리기를 바란다. 개척자가 해야 할 수많은 시행착오를 먼저 경험한 분들이기에 다시 그 전철을 밟지 않을 수 있기 때문이다. 뿐만 아니라 그들의 경험을 거울 삼아 훨씬 빠르게 건강한 가정교회를 정착시킬 수 있다.

사람의 변화에도 지·정·의에 대한 터치가 있어야 하듯 건강한 가정교회가 세워지는 데에도 지·정·의에 대한 터치가 있어야 한다. 먼저 목회자 세미나를 통해 가정교회에 대한 정신을 배우고 국내에서 일 년에 두 차례 진행되는 컨퍼런스를 통해 '삶공부'와 더불어서 교회가 지금 올바른 방향으로 가고 있는지를 점검하는 기회를 갖는 것이 좋다. 이는 지적인 만족을 얻을 수 있는 기회이기도 하고 아울러서 목회 중에 잠시 쉼을 누릴 수 있는 기회이기도 하다.

지역모임을 통해서는 목장에서 누릴 수 있는 치유와 회복을 경험할 수 있다. 지역모임은 먼저 경험한 선배들의 간증도 들을 수 있고 지금 처한 현실에 어떻게 대처해야 하는가에 대한 조언도 들을 수 있는 아주 좋은 배움의 장이다. 나는 지역모임에서 격려해준 선배들의 격려로 말미암아 이 자리에까지 이를 수 있게 되었다.

가정교회사역원에서는 우리가 궁금해 하는 것들을 알려준다. 가정교회를 하면서 겪을 수 있는 거의 모든 것들에 대한 상담과 도움이 가능하다고 해도 과언이 아니다. 특히 목회의 고비나 위기의 순간, 그리고 선택의 순간에 목회자 토론방을 통해서 원 포인트 레슨을 받을 수도 있다. 우리의 의지적인 부분이 터치되는 순간이다. 주변에 있는 가정교회를 하는 분들 역시 우리의 성공적인 목회를 위해 하나님께서 보내주신 선물이다. 그분들의 어깨를 빌려라.

주특기를 살려라

군에서는 자신의 특기에 따라 보직이 정해진다. 개척하는 교회는 어떨까? 개척하는 교회가 모든 것을 다할 수는 없다. 그럴 때 자신들이 가장 잘하는 강점을 살려 사역한다면 충분히 경쟁력이 있을 것이다.

우리는 다음 세대에 포커스를 맞추었다. 우리 교회는 장년들보다는 주일학교와 청소년과 청년들에게 좀 더 어울리는 교회 같아서였다. 모든 세대를 아우를 수 있다면 좋겠지만 그렇지 못할 때에는 우선적으로 잘하는 것에 힘을 싣는 것이 도움이 된다.

우리 가족 외에 우리 교회에 처음 성도로 들어 온 사람들은 주일학교 학생들이었다. 주일학교 아이들은 아내와 함께 오랜 시간 강점을 가지고 사역을 하였기 때문에 우리가 집중하기에는 너무 좋은 대상이었다. 이 아이들과 함께 교회를 하다 보니 아이들의 부모들이 들어오고 이 아이들을 가르칠 청년들이 들어왔다. 초등부의 아이들이 자라면서 이제는 중등부도 늘어나게 되었다. 물론 이들 모두다 목장을 경험하고 자라고 있다.

행복한 목회 이야기를 함께 나눌 수 있어 감사하다. 아직은 시작한 지 얼마 되지 않았기에 싹을 틔우고 작은 묘목으로 자란 이야기까지만 나누었다. 훗날 더 풍성한 하나님의 일하심을 포커스교회를 통해 만나기를 소망해본다.

교회 다섯,
시냇가교회 _ 권영만 목사

나에게는 기존의 좋은 교회에서 청빙을 받아 목회에 성공하겠다는 야망이 있었다. 그것이 내가 목회에서 보고 배운 것이었다. 인정받기 위해 열심히 사역하며 성공을 위해 나름 열심히 준비를 하였다. 나는 목사가 될 때까지 교회개척은 꿈에도 생각해 본 적이 없었다.

1. 둘째가 교회를 개척하다

내 목회를 접고 하나님의 목회를 하다

목사안수를 받은 다음날 둘째 아들이 태어났다. 그런데 아이가 완

전대혈관전위라는 선천성 심장병을 가지고 태어났다. 태어나자마자 이런저런 검사를 받고 20일째 되는 날, 아이는 10시간에 걸쳐 대수술을 받았다. 수술하는 도중에 의사들도 자신이 없는지 어려울 것 같다는 이야기를 했다. 겨우 수술을 마친 아이는 중환자실에서 하루하루 생명을 이어갔다. 얼마 후, 아이는 하나님의 은혜로 조금씩 회복이 되어 일반 병실로 옮겼다가 퇴원을 했다.

그러나 퇴원 후에도 여전히 아이의 생명은 위태로웠고 나는 새벽에 눈을 뜨자마자 아이가 숨을 쉬고 있는지 확인부터 했다. 그러던 중 태어난 지 100일쯤 지났을 무렵, 수술한 부위에 이상이 생겼다. 재수술을 해야만 했다. 또다시 고통스러운 시간이 반복되었다. 수술 후 중환자실에서 고통스러워하는 아들을 바라보면서 나는 예수님의 십자가의 고통과 한 영혼을 향한 아버지의 마음을 깨닫게 되었다.

"그런 마음으로 나의 양들을 돌봐줄 수 있겠니?"

재수술 후에도 아들은 위태로웠고, 우리 부부의 모든 관심은 항상 온통 아들에게로 쏠렸다. 아들을 향한 애틋한 마음을 통해, 나는 영혼을 향한 아버지의 마음을 깨달았고, 앞으로 어떤 사역을 할까 고민하며 기도했다. 그때 하나님은 나와 아내에게 교회개척을 통해 한 영혼 한 영혼을 섬길 마음을 주셨다.

어느 날 신음하는 아들을 가슴에 안고 안타까운 마음으로 바라보고 있을 때, 하나님은 나에게 이렇게 말씀하셨다.

"얼마나 마음이 아프니? 그런 마음으로 나의 양들을 돌봐줄 수 있겠니?"

그때 나는 진정한 목회가 무엇인지 깨달았다. 예수님이 원하시는 목회는 이런 목회였다.

나는 "주님이 원하시면 그렇게 하겠습니다"라고 대답했다.

얼마 후, 아내가 밤에 아픈 둘째 아들이 하늘나라로 떠나는 꿈을 꾸었다고 했다. 너무 슬퍼 울다가 깼는데, 그날 아내는 아들을 유치원에 보내놓고 마음이 놓이지 않아, 두 번씩이나 유치원에 찾아가 아이가 놀고 있는 모습을 확인하고 돌아왔다고 했다. 그런데 집으로 돌아오는 길에 아내는 "네가 이런 애타는 마음으로 내 양을 돌봐줄 수 있겠니?"라고 물으시는 주님의 음성을 들었다고 했다.

우리 부부는 주님이 찾으시는 한 영혼을 섬기기 위해 교회개척을 결심했다. 그러나 교회개척에 대한 마음은 있었지만 실상 어떻게 해야 할지 몰라 막막하기만 했다.

주님이 원하시는 교회의 모습이 구체적으로 어떤 모습일까 애타게 찾고 있을 때, 미국 유학의 길이 열렸다. 미국에서 공부도 하고 싶었고 사역도 배우고 싶었지만 무엇보다도 나는 그곳에서 앞으로 개척할 교회의 모델을 찾고 싶었다. 그런 나에게 하나님께서는 미국 휴스턴 서울교회의 한 목장을 통해 내가 찾던 교회의 모델을 만나게 해주셨다.

2. 낯선 곳에 둥지를 틀다

교회 같지 않은 교회

개척교회의 모델을 확인한 나는 가정교회 연수를 하고, 곧바로 한국으로 돌아왔다. 개척교회를 위한 지역이나 장소를 선택하는 데는 연구나 조사가 별로 중요하지 않았다. 그 이유는 예수님을 필요로 하는 비신자들이 어디에나 많았기 때문이다.

2009년 2월 26일, 미국에서 돌아와 용인이라는 곳에 왔다. 다음 날 월세로 아파트를 계약하고, 4월 5일 첫 원형목장 겸 교회를 우리 집에서 시작했다. 감사하게도 유학 이전에 관계가 있었던 세 가정이 자발적으로 동참해 주었다.

얼마 후, 나는 20여 년을 조울증을 겪으며 아파하는 한 자매를 만났다. 실제 우리 교회의 첫 VIP인 셈이다. 주님을 필요로 하는 한 영혼을 섬기겠다고 시작한 개척교회에 하나님께서 가장 적절한 영혼을 만나게 해주셨다. 증상이 심하면 폐쇄병동에 입원해야 하는 자매였기 때문에 비전문가인 우리가 섬기기에는 정말 만만치 않았다. 그러나 나는 아픈 아들을 돌보는 마음으로 자매를 섬겼다. 절대 이 자매를 포기하지 않겠다는 마음으로 영혼을 사랑하신 예수님의 마음을 가지고 섬겼다. 주님께서는 이 자매를 섬기는 모습을 통하여 성도들이 영혼구원에 대한 간절함과 섬김의 방법을 배울 수 있는 기회로 삼아주셨다. 그리고 그 사이 다른 영혼을 쉽게 붙여주셔서 우리 가족이 되게 하셨다.

1년 6개월 동안, 나는 내적으로는 가족애를 견고하게 다지고, 외적으로는 비신자를 집중하여 섬겼다. 이웃과는 정말 좋은 친구가 되려고 애를 썼다. 사람들은 나를 보고 "예수 믿는 사람들에 대한 편견이 깨졌다"고 말했다. 1년 6개월 동안 재정 지출이 거의 없었기 때문에, 교회 재정의 힘을 비축할 수 있었고, 2010년 10월에 18평 상가로 이전했다.

간판도 걸지 않은 채, 성도들이 직접 교회 내부 인테리어를 하고, 필요한 물건들도 성도들이 직접 가져와서 채웠다. '우리 교회가 교회 같지 않아서 좋다'는 말을 듣고 웃어야 할 지 울어야 할 지 몰랐지만, 큰 재정 부담 없이 이전할 수 있었고, 아파트에서와 다를 바 없이 사역을 꾸준히 했다. 신자들이 볼 때는 교회 같지 않은 교회지만, 비신자들에게는 놀랍게도 편안한 느낌을 주는 교회로 자리 잡아갔다. 2년 2개월 동안 그곳에서 목자로 헌신한 세 가정을 통해 새로운 목장이 개척되기 시작했고, 영혼을 섬기는 소식들로 서로 격려와 감사가 넘쳐났다.

축복과 위기는 같이 온다

상가가 좁아지기 시작했다. 그러자 하나님께서 2013년 1월, 근처에 있는 48평의 상가로 이전할 수 있는 길을 열어주셨다. 직접 인테리어를 하실 줄 아는 어느 목사님이 도와주셔서 최소 비용으로 인테리어를 했고, 성도들이 직접 재료를 가져다가 꾸미고 짐도 날랐다. 이때에도 역시 전혀 재정적 부담 없이 이전할 수 있었고, 임마누엘 치유선교봉사단과 연결되어 교회 안에 건강센터까지 마련할 수 있게 되었다. 건강센터를 통해 VIP를 쉽게 접촉하여 섬길 수 있었고 건강센터는 VIP들이 교회에 정착하는 데 귀한 도구가 되었다. 우리는 건강센터를 통해 성도들과 지역의 목회자들의 건강도 관리해 주었다. 평일에도 건강센터를 오픈했고 늘 사람들이 끊이지 않았다. 우리는 그곳을 찾아오는 비신자에게 식사를 대접하고 필요를 채워주었다.

그러던 중 위기의 순간이 찾아왔다. 아내에게 폐암으로 투병하던 비신자 형부가 있었는데, 아내는 오랫동안 형부의 영혼과 육신의 구원을 위해 눈물과 정성으로 섬겼다. 그러나 이러한 아내의 눈물어린 기도에도 불구하고 형부는 예수님을 영접하고 결국 주님의 부름을 받았다. 그 이후 아내는 탈진상태가 되어 버렸다. 음식을 제대로 먹지 못했고, 숨을 쉬는 것도 힘들어 했고, 교회나 목장에서 주도적인 사역을 할 수도 없었다. 이런 시간이 3년이나 흘렀다. 인간적으로 보면 참으로 안타까운 일이었지만 그동안 교회와 목장들은 놀랍게도 더욱 견고하게 세워졌다. 오히려 성도들은 각자의 자리에서 더욱 헌신하였다. 목장은 다섯 개가 더 세워졌고, 각 목장마다 치열한 영적 전쟁을 치루며 지금도 영혼구원을 위해 집중하는 교회로 세워져 가고 있다.

3. 첫째도, 둘째도, 셋째도 영혼구원

목사 같지 않은 목사

나는 가정교회 성경접근법의 단순함에 매료되었다. 성경에서 교회는 건물이 아니라 그리스도인의 모임, 하나님의 가족 그리고 그리스도의 몸이라는 말씀에 따라, 기존 교회의 틀과 전통에 매이지 않고 교회를 개척할 수 있었다. 나와 아내는 전통적인 목사와 사모의 옷을 벗어버리고 사역했는데, 비신자들이 "목사 같지 않은 목사, 교회 같지 않은 교회"라며 오히려 호감을 가지고 편안해 했다.

많은 분들이 교회를 개척하면서 영원히 지속되는 교회를 만들려고 하는 것 같다. 그러나 나는 세워진 교회가 이름 없이 없어져도 괜찮다고 생각한다. 내가 세운 교회가 사라지면 어떤가? 그 교회를 통해 전해진 복음만 살아 있으면 되는 것 아닌가? 나는 단지 복음이 이 교회를 통해 전파되어 하나님 나라 확장에 조금이라도 쓰임 받을 수 있다면 감사하다고 생각했다.

나는 교회를 개척하면서 흔히 말하는 목회 성공에 목적을 두지 않았다. 주님은 목회 성공을 위해 나를 부르신 것이 아니라 충성하라고 부르셨다는 것을 깨달았기 때문이다. 이런 마음으로 사역하다 보니 나는 자유를 누리며 사역할 수 있는 특권을 가지게 되었고, 이런 나를 보고 어떤 사람들은 "이렇게 편하게 목회하는 목사님이 어디 있어!"라고 말하기도 한다. 그러나 나는 주님이 소원하시는 교회를 세운다는 확신을 가지고, 가정교회의 네 기둥과 세 축(각주 4)을 반복하여 숙지하고, 삶과 사역 속에 적용하는 데 집중했다.

이 정신은 하나님께서 앞서서 일하시고 나는 따라가는 방식이 되게 하였다. 주어지는 환경 속에서 하나님께 지혜를 구하며, 하나님의 음성에 귀를 기울였다. 사람들에게 인정받으려고 하는 것이 아니라 하나님 앞에서 인정받기 위해 하루하루를 살았다. 동시에 아버지의 마음으로 성도들과 VIP를 품고, 그들의 이야기에 귀 기울이며 사역을 즐겼다. 물론 힘든 환경을 만날 때도 있었다. 그러나 불평하지 않고, 순종하려는 마음을 가지고, 주님의 뜻을 구했다.

교회를 개척하면서 달리 대단한 것을 한 것도 아닌데, 나는 "행복한 목사"라는 별명을 얻게 되었다. 주일 저녁이면 너무 행복해서 잠을 이루지 못할 정도였다. 성도들과 얼굴을 마주하고, 말씀을 나누고, 삶을 나눈 것이 너무 감격스럽고, 감사했기 때문이다. 이렇게 단순하게 가정교회 정신으로 내 자신을 준비하고 사역한 것이 행복한 사역의 열매로 나타났다.

첫째도, 둘째도, 셋째도 영혼구원

우리 교회는 영혼구원과 관계없는 행사에는 아예 관심이 없다. 예배 횟수도 많지 않고, 조직도 기존교회의 틀에 얽매이지 않는다. 교회 건물도 중요한 것이 아니었다. 오직 한 영혼 한 영혼의 구원에 집중하려 했다. 성도는 하나님이 붙여주시는 것이라 믿고, 우리 교회 성도가 될 수 있든 없든 상관없이, 관계를 맺는 모든 영혼에게 관심을 가졌다. 이렇게 모두가 비신자 전도에 초점을 맞추니 교회 내에서의 갈등은 거의 찾아 볼 수 없었다.

비신자 접촉과 섬김에 집중하기 위해 개척 처음부터 주보 앞에 기신자 등록 거부에 관한 문구를 기록해 두었다. 이는 비신자 전도에 집중하자는 의지의 표현이었고, 동시에 교회 성장에 대한 조급함을 버리게 했다. 물론 기신자가 정착한 경우도 있다. 개척가정교회 사역에 자발적으로 헌신을 결단하는 분들은 기신자라도 우리와 함께 사역하였다. 확실한 필터링 과정이 있었기 때문에, 그분들은 순종과 겸손으로 교회를 섬겼다.

이웃에서 사람을 만나면 비신자인지를 먼저 확인하고, 그들의 필요를 찾아 섬겼다. 비신자 가정의 아이들 공부를 도와 주거나 돌보아 주고, 드립커피를 만들어 주고, 음식을 만들어 나누어 주기도 하였다. 교통사고가 난 VIP 자매를 섬기기 위해 일주일에 4~5번씩 그 가족을 위해 음식을 준비하기도 했다.

하루는 교회 식사시간에 반찬 그릇에 갈치 꼬리만 있어서, 내가 "몸통은 어디 갔냐"고 물었더니 "몸통은 모두 VIP 집으로 갔다"고 했다. 그때 우리 성도들은 그렇게 섬길 수 있는 특권에 더 감사하고 더 행복해 했다.

교회 전체가 영혼구원에 집중하기 위해 설교시간에도 영혼구원을 강조하고, 시간되는대로 전도하면서 느끼는 감정과 하나님의 역사하심을 나누었다. 시간이 지남에 따라 영혼구원의 열매가 나타났고, 온 교회가 그 기쁨을 누리며, 더욱 영혼구원의 재미에 젖어들 수 있었다.

보고 배운 대로 한다

개척 당시 나는 우리 가정에서 목장모임과 교회모임을 했다. 나는 성도들이나 VIP가 우리 집에 왔을 때 모두가 자기들 집처럼 지낼 수 있는 분위기를 만들었다. 시간이 지나고 신뢰가 쌓이면서 성도들도 나름 보고 배우기 시작했다. 성도들은 특히 영혼구원에 집중하는 것과 섬김을 배웠다. 개척 1년까지는 아내가 식사를 온전히 책임졌다. 개척 1년이 되었을 때, 나는 각 가정마다 식사를 위해 한 달에 한 번, 음식을 한 가지씩 준비해와서 서로 섬기자고 제안했다. 지금까지 주일이면 모든 가정이 반찬을 준비해 풍성한 식사를 하고, 서로 나눈다. VIP들 역시 교회에 들어와 몇 주만 지나면 누가 말하지 않아도, 자연스럽게 음식을 준비해 오고, 보고 배운대로 서로 섬김에 동참한다.

서울 중계동에 사는 목자는 일산에 사는 VIP를 전도해 매주 중계동에서 일산을 거쳐 용인에 있는 교회로 왔다. 이 모습을 1년 이상 지켜본 목원이 20분 거리에 있는 VIP를 전도해 매주 VIP를 태워 교회로 왔다. "힘들지 않느냐"고 물었더니 "우리 목자님은 일산도 다녀오신다"고 하며 목자를 보고 배웠다고 말했다. 이렇게 성도들이 보고 배운대로 자신들의 삶의 현장에서 VIP를 섬겼다. 그리고 먼저 성도된 자들의 변화된 모습을 보고, VIP들도 주님께로 한 걸음씩 돌아오고 있다.

우리 교회는 자녀들과 함께 예배를 드린다. 어릴 때부터 함께 예배를 드리고, 매주 자녀를 위해 기도하는 시간을 가지는데, 예배 시간이 길어져도 흐트러지는 아이들이 없다. 그리고 부모의 기도하는 모습이나 찬양하는 모습을 보고 배워서 따라 한다. 이러한 모습을 볼 때, 진정한 제자훈련의 모습이라 생각된다.

3. 제자가 스승보다 낫다

목사보다 더 잘하는 목자

우리 교회는 모든 성도가 자발적으로 사역하는 교회다. 각자의 은사에 따라서 주도적으로 사역이 이루어진다. 사역은 특권이라 늘 강조했기 때문에 사역자가 필요해도 자원하는 사역자가 없으면 기다리면서 천천히 사역을 했다. 이러다 보니 교회 운영이 독특한 모습을 가지게 되었다. 수직적인 구조가 아닌 수평적인 구조 속에서 목회자는 목회자의 모습으로, 평신도는 각자의 은사에 따라 사역할 수 있게 되었다.

교회를 이전할 때도 교회의 모든 인테리어는 성도들이 손으로 직접 했다. 유치원 선생님 출신의 성도는 직접 재료를 구입하여 예배당을 아름답게 꾸몄고, 어떤 성도는 천을 구입하여 직접 커텐을 만들어

매달기도 하고, 친정집에 있는 피아노를 가져다 놓기도 하고, 냉장고 헌금을 하기도 하고, 시계를 사다 붙이기도 했으며, 어린 아이들까지 하나가 되어 쓸고 닦아 아름답게 교회를 장식했다. 갈등이 생길 법도 하지만, 성도들이 의견을 제시할 때면 어김없이 동의와 격려를 아끼지 않았다. 이런 신뢰가 쌓이면서 성도들은 더욱 자발적이고, 주도적으로 사역하게 되었다.

나는 자발적으로 헌신하는 VIP를 목자로 세웠고, 그 목자에게 사역을 위임했다. 그리고 목자에게 도움이 필요할 때는 목자 사역을 잘 감당할 수 있도록 뒤에서 도왔다. 아이들 돌 예배도 목자가 인도하게 했다. 물론 목자가 잘할 수 있도록 한 달 전에 가이드라인을 주고, 나머지는 목자 재량껏 준비하게 했다. 어느 한 목자가 돌 예배 일주일 전, 모든 순서와 내용을 준비해서 나에게 보여주었을 때 나는 놀라지 않을 수 없었다. 나보다 더 좋은 내용으로 돌 예배를 잘 준비했기 때문이다. 심방 역시 마찬가지다. 개척교회라 몇 가정 되지 않지만 목자들이 심방을 하고, 목자의 요청이 있을 때 목회자와 함께 심방을 했고, 목자를 세워주려고 했다. 이런 신뢰가 쌓이면서 각 분야에서 평신도가 자유롭게 의견을 내놓고 참여할 수 있는 분위기가 형성되었다.

뜀틀의 발판이 되어

나는 뜀틀의 발판과 같은 역할을 하고 싶었다. 우리 성도들이 목회자를 발판 삼아 멋지게 점프해서 사역을 펼치고, 보람과 기쁨을 누리는 그림을 그렸다. 나는 모든 성도들의 섬김과 헌신이 아름다운 열매를 맺게 하고 싶었다. 한 예로, VIP 자매님이 주일날 성도들을 위해 삼계탕을 준비해 왔는데, 마침 그날 성도 한 가정은 장염으로, 한 가정은 부모님 생신으로 교회를 나오지 못했다. 분명 그 자매가 실망할 것이 눈에 역력했다. 그 당시 그 성도의 믿음이 약했기 때문에, 격려가 더욱 필요했다. 이 자매의 섬김을 통해, 성도들 모두가 어떻게 하면 행복할 수 있을까 고민하며 기도하던 중, 그날 나의 사역은 설교보다 삼계탕을 배달하는 것이 더 귀한 사역이라 여겨졌다. 예배를 마친 후 나는 삼계탕 두 마리를 포장했다. 한 마리는 상계동으로, 한 마리는 안양으로, 용인을 출발해 주일 오후 열심히 삼계탕을 배달했다. 받는 분들이나, 준비한 분이나 큰 감동을 받는 시간이 되었다.

"예배에 참석해 보아야…"

적은 숫자가 모여 예배드리면 분위기가 침체될 수 있다. 이것이 개척교회의 약점이지만 동시에 장점이 될 수도 있다. 나는 개척 초창기에 적은 수의 장점을 활용했다. 설교를 대화식으로 하여, 질문과 답변을 통해 모두가 예배에 참여하는 분위기를 만들었다. 나는 최영기 목사님의 설교를 많이 듣고, 가정교회 정신이 담긴 내용을 삶에 적용하려 했다.

그리고 마음 속으로 앞에 앉은 교인 한 명을 백 명이라고 생각하고 최선을 다해 설교했다. 성령님은 숫자나 환경을 넘어 역사하시는 분이기에 예배에 임하는 성령님의 역사는 강력했다. 눈물과 감격의 예배가 반복되었다. 성도들도 우리 교회의 예배를 자랑스러워하여, 우리 교회를 알리면 "예배에 참석해 보아야 한다"고 말했다. 성도들은 주일예배를 사모하고 기대했다. 100킬로미터, 70킬로미터의 거리를 달려 교회에 오면서도 멀다고 느낀 적이 없다고 고백한다.

개척교회에서는 헌신시간이 부담이 될지도 모른다. 그러나 나는 성도들이 예배를 드리고 난 후 결단하고 헌신하는 시간은 꼭 필요하다고 생각했다. 진심과 전략이 필요했다. 헌신시간을 위해 기도하고 준비하던 중, 한 성도가 암 선고를 받았다. 약 1년 동안 예배 후에 그 성도를 위해 모두가 모여 기도하는 헌신의 시간을 가졌다. 그 후 두 달 동안 헌신시간에 두 번씩 기도로 헌신할 수 있도록 목회칼럼과 광고를 통해 동기부여를 했다. 물론 암 선고를 받은 성도는 헌신시간에 기도 받을 수 있도록 했다. 두 달 동안 감사하게도 모두 최선을 다해 헌신시간에 결단하고 기도하는 시간을 가졌다. 성도들이 두 달 동안 열심히 기도의 헌신에 동참했기 때문에, 그 이후의 헌신시간에 자연스럽게 헌신으로 이어졌다. 지금까지 3년 이상 헌신시간을 가지며 놀라운 일들이 일어났다. 지금까지 헌신자가 없는 시간이 한 번도 없었다. 평소에는 예배참석 인원의 40퍼센트 정도, 많을 때는 70퍼센트 정도까지 헌신에 참여한다. 그 시간은 매우 진지하고, 의지적으로 삶을 결단하고 기도 받는 시간으로 자리 잡혀 있다.

"우리 교회는 그냥 가족인데요."

내가 목장을 이해한 중요한 포인트 중의 하나는 '또 하나의 가족'이었다. 원형목장으로 교회 개척을 시작하면서 모두가 가족이 되는데 집중했다. 목장에 오면 가족 같은 사랑이 있고, 편안함이 있게 했다. 고독한 세상살이 가운데 자유롭게 나누고, 구체적인 기도를 부탁하고 서로를 위해 함께 기도할 수 있는 그런 목장이 되길 바랐다.

나는 원형목장을 눈을 뭉치는 작업으로 생각했다. 처음에는 눈을 뭉치는 것이 쉽지 않지만 일단 눈이 어느정도 뭉쳐지면 아주 쉽고 힘차게 구른다. 가족 만드는 작업이 곧 눈 뭉치는 작업과 같았다. 개척 초창기 원형목장은 모이면 6~7시간은 기본이었다. 함께 말씀을 나누고, 삶을 나누고, 기도하고, 함께 웃고 놀았다. 그러면서 가족이 되어갔다.

첫 예수 영접 모임 때, 자기는 지옥 갈 것 같다고 고백한 형제가 있었다. 그러던 그가 그로부터 6개월 후 우리 교회를 탐방 온 목사님 가정을 향해, "우리 교회는 그냥 가족인데요"라고 말씀하는 것을 보면서 희열을 느꼈다.

드디어 얼마 후, 한 가정이 목자로 헌신하며 목장 개척을 선언했다. 목사인 나보다 영혼구원에 더 열심을 냈으며, 부부로 시작한 그 목장을 통해 약 3년 동안 구원받고 교회에 정착한 인원이 10명이 넘는다. 이런 열매를 얻기까지 그들의 수고와 헌신을 글로 다 표현하기는 어렵다. 이런 과정을 겪은 목장은 가족 이상의 뜨거운 사랑 공동체가 형성되는 것을 보았다. 이 목장이 열심히 사역하는 동안 다른 목장에도 아주 선한 영향을 미치고 도전을 주었다. 물론 버티기만 해야 하는 목장도 있다. 그러나 영혼구원이 빨리 일어나지 않는다 할지라도 VIP를 마음에 품고 섬기고 있다면 격려를 아끼지 않는다. 오히려 이러한 목장을 위해 더 많이 기도한다. 이렇듯 우리 교회의 목장들은 또 하나의 가족이 되어 눈처럼 뭉쳐져 지금도 구르고 있다.

5. 기본과 원칙이 능력이 되다

성령님과 함께

개척교회는 모두가 어리고 약하기 때문에 예배, 목장모임, '삶공부'가 쉽지 않을 수 있다. 그러나 나는 가능한 원칙을 세워 '삶공부'를 소홀히 하지 않았다. '삶공부'에 앞서 예수 영접 모임은 기본 중의 기본으로 삼았다. 우리 교회 성도들 중 현재 대기하고 있는 VIP를 제외하고 예수 영접 모임을 거치지 않은 성도는 없다. 자신의 VIP가 모임에 참석할 때면 동석하기도 하고, 뿐만 아니라 다시 구원의 감격을 느끼고 싶으면 영접모임에 참여하기도 한다. 우리 교회는 예수 영접 모임을 통해 구원의 확신을 가지고, 성령을 체험하는 역사가 많이 일어났다.

'삶공부'는 '생명의 삶'을 중점적으로 했다. 1년에 한차례 이상 '생명의 삶'을 오픈했고, 많게는 10여 명, 적게는 일대일로 '생명의 삶' 을 강의하기도 했다. 감사한 것은 재수강하는 성도들도 많아서 '생명의 삶'이 풍성했다. 개척교회에서는 맨 처음 '생명의 삶'을 개강하는 것이 부담이 될 수도 있다. 대상 인원도 변변치 않고, 원칙을 고수하기도 어렵고, 분위기 조성도 힘들 수 있다. 우리 교회도 그랬다. 환경이 어렵다고 포기할 수는 없었기 때문에 꿋꿋하게 원칙을 지키려 노력하며 '생명의 삶'을 진행했다. '생명의 삶'을 준비하며 최영기 목사님 강의 파일을 들으면서 처음부터 끝까지 녹취하기도 했고, 새롭게 강의할 때면 다시 강의 파일을 반복해 들었고, 가능하면 그대로 하려고 노력했다.

'생명의 삶'의 핵심은 성령체험시간이었다. 하나님은 정말 어리고 순수한 영혼들을 사랑하심에 틀림없다. 놀랍게도 눈물로 회개하는 역사와 치유와 위로의 역사들이 일어났다. 방언을 하기도 하고, 진동이 오고 쓰러지기도 했다. 살아계신 하나님, 역사하시는 성령님을 체험하는 귀한 시간이었다.

처음에는 예배와 목장모임, '삶공부'가 어려울 수 있지만, 개척교회라는 환경을 너무 두려워 하거나, 지나친 욕심만 내지 않으면 된다. 원칙을 세우고 원칙대로 진행하면 된다. 그리고 '생명의 삶'을 하나의 성경공부로 취급하지 않고 가이드에 따라 충실히 준비하면 수강생의 숫자나 환경은 문제가 되지 않는다.

후회 없는 인생

나는 주님이 원하시는 교회를 세우길 원했다. 그 교회는 바로 신약교회였다. 나는 길게 생각하지 않고 가정교회의 네 기둥과 세 축을 붙잡았다. 교회를 세우는 데 중요한 요소들이 많이 있겠지만, 네 기둥과 세 축이 기초가 되지 않는다면 모래 위에 교회를 세우는 것과 같다고 생각했다. 개척해서 5년 동안, 네 기둥과 세 축을 가지고 씨름했고, 어떻게든 교회에 적용하기 위해 절치부심했다. 그 결과 하나님의 도우심으로 풍성한 열매를 맺었다.

교회개척의 현실이 어려운 것은 사실이다. 그러나 가정교회 정신을 붙잡고, 주님이 원하시는 교회를 추구하면, 세상에서 성공한 목회자는 되지 못할지라도, 주님 앞에서는 충성된 종이라고 칭찬받을 것이다. 그것이 바로 후회 없는 인생이 아닐까?

교회 여섯,
시드니 새생명교회 _ 강승찬 목사

　나는 부목사 시절 교회개척을 생각하며 기도하는 중에, 교회개척은 '하나님의 소원'이라는 확신이 들었다. 그 이유는 신약교회가 예수님의 12 제자들의 사역과, 사도바울의 선교여행, 그리고 교회개척 사역을 통해 이루어졌기 때문이다. 이 시대에도 주님은 그와 똑같은 방법으로 일하고 계신다고 생각한다. 그런데 당시에 목회현장에서 내가 본 목회자들의 목회방법은 이와는 달라 보였다. 늘 성장콤플렉스에 시달렸고, 항상 세상과 똑같이 경쟁하며 불안해 했다. 성도들 역시 항상 세파에 찌들어 있었고 염려와 근심이 가득해 보였다.

1. 재생산이 안 된다

제자훈련의 한계를 경험하다

나는 성령 충만한 목회자가 되고 싶었다. 그리고 부목사 시절, 초대교회처럼 성령께서 이끄셔서 하나님 나라를 확장하는 교회, 말씀의 능력이 나타나 영혼 구원하는 교회, 평신도 사역자를 키워가는 건강한 교회에 대한 비전을 가지고, 공동체(교구)를 부흥시키는 데 열심을 다했다. 특히 고 옥한흠 목사님이 시작하신 '평신도를 깨운다'는 제자훈련을 통해 성도들을 예수 제자로 양육하고 세워가는 목회의 꿈을 갖게 되었다.

그런데 이민교회에서 부목사로 사역하면서 점점 '제자훈련의 한계'를 느끼게 되었다. 특히, 제자훈련으로 성장한 호주의 어느 교회 부목사 시절에 나는 '재생산의 문제'에 맞닥뜨렸다. 목사에게 제자훈련을 받은 평신도들이 다른 평신도들을 제자훈련하는 재생산이 너무나도 어려웠다. 그 이유를 살펴보니 이민자의 삶이 바쁘고, 제자훈련을 받아도 그 훈련은 교실 수업뿐이었고 실생활에 적용할 여유가 없기 때문이었다. 12명의 훈련생들이 교회 안에서는 열심히 제자훈련을 받았으나, 교회 밖에서는 비신자와 다름없는 삶을 살며 괴로워하는 것을 보면서 제자훈련의 한계를 느끼게 되었다. 나는 12명 훈련생들을 모두 수료하도록 최선을 다해 가르치며 섬겼고, 수료생 전원을 담임목사님이 인도하는 사역자반에 등반시켰다. 그러나 변화와 성숙이 아닌 '자기중심적이고 현세 축복을 추구하는 자세'를 여전히 간직하고 있는 그들의 모습을 보고 목회자로서 한계를 느꼈다. 제자훈련을 받은 성도들도 교회 직분자가 되면 브랜드화된 대형교회 신드롬에 빠지고, 심지어 하나님의 영광을 위해 산다고 말하지만 실제 삶은 하나님 중심이 아닌 자기중심적인 사역자로 변질되는 것을 보았다.

나는 이것이 제자훈련이라면 가르치는 내가 문제가 있던지, 훈련 방법에 문제가 있는 게 아닌가 싶어 남모르게 고민을 했다. 그래서 좀 더 건강한 교회의 모델에 관심을 갖게 되었고, 초대교회의 모습에 관심을 갖고 여러 권의 책을 읽으며 초대교회의 모습을 다시 그려 보던 중에 '제35차 목회자를 위한 가정교회 세미나(2007년, 휴스턴)'에 우리 부부가 참석하였다. 그곳에서 우리는 제자훈련의 한계에 대한 해결책을 찾게 되었다.

교회 현실에 대한 불만족

그리스도인은 고난이 와도, 슬픔이 와도, 날마다 성령 충만하며 신나고 재미있어야 한다. 예수님이 주인이시고 하나님이 우리의 아버지이시기 때문이다. 이것이 우리 목사들이 성도들에게 늘 하는 설교다. 그런데 내가 목회현장에서 본 성도들은 항상 염려와 근심이 가득했고, 믿음이 있다는 분들도 대부분 기복신앙에 젖어 살고 있었다. 세상과 교회에서의 이중생활을 하는 성도들을 목격한 나의 부교역자 생활은 그 자체가 고민이요, 고통이었다.

또한 교회 리더들은 그 사람의 인격과 성품, 그리고 믿음보다는 세상적으로 부유하고 좋은 직장에서 일하며 성공한 사람들이 선출되었다. 그들 중에 열심히 훈련받고 순종하는 사람들은 10퍼센트 정도 밖에 되지 않았고, 이 10퍼센트 성도가 부교역자들과 함께 억지로 교회를 끌고 가는 형태가 되었다. 이러한 모습에 불만을 가진 일부 교회 리더들은 조용히 교회를 떠나려고 했고 나는 그들을 만나 설득하여 다시 교회에 나오게 했지만 그들 모두의 마음을 돌이킬 수는 없었다.

나는 어디서든 담임목사를 나의 영적 아버지로 여기고 100퍼센트 순종하며 늘 담임목사님 입장에서 성도들을 설득하며 사역했다. 그래서인지 나는 부교역자로 섬겼던 교회들에서 담임목사님의 총애를 받고 칭찬을 받기도 했지만, 담임목사님들의 내면은 그리 행복해 보이지 않았다(내가 잘못 보았을 수도 있다). 담임목사님들은 외적 성장에 대해서는 감사하다고 말하시면서도, 늘 교회성장에 대해 만족하지 못했고, 항상 성도들이 더 열심히 헌신하지 않고, 더 큰 성장을 이루지 못하는 것에 대해 조바심을 냈다. 감사와 기쁨이 충만한 사역이라고 여겼던 그 자리에는 항상 세상과 똑같은 경쟁과 불안과 염려가 가득했다. 나는 이런 목회라면 그만두는 것이 더 낫다는 생각이 들었다. 이런 목회현장에서 경험된 거룩한 불만족이 하나님이 원하시는 교회에 대한 그림을 찾게 만들었다.

휴스턴 목회자 세미나에서 강의와 간증 그리고 목장탐방과 주일예배를 통해서 섬기는 목자 목녀들의 헌신을 보고 성경에서 말하는 초대교회의 모습이 지금도 가능하다는 것을 발견하였다. '이렇게 건강한 교회가 시드니에 하나 있으면 주님께서 얼마나 기뻐하실까?' 생각하며 교회 개척을 준비했다.

2. 개척을 준비하다

기도와 말씀으로 준비하다

나는 '내가 교회를 개척해야 하는가?' 하는 질문을 가지고 40일간 중보기도실에서 철야기도를 하였다. 하루 종일 심방으로 인해 지친 몸을 이끌고 중보기도실로 가서 밤을 세워가며 성경을 읽고 기도하기를 반복했다. 20여일 쯤 되었을 때 가슴에 교회개척에 대한 불이 붙기 시작했다. 이때 하나님께서 나에게 '새생명'이라는 교회 이름도 주셨다. 나는 개척할 교회 이름을 '시드니 새생명교회'라고 정했다.

교회를 사임하다

마지막으로 섬겼던 교회에서 주일에 담임목사님의 축복기도를 받고 교인들에게 인사하고 오는데 때 내가 잘 알지 못했던 1.5세대 부부와 두 분의 안수집사님 가정이 교회개척에 동참하겠다고 했다. 사임 후 한주도 쉬지 않고 초등학교 강당을 빌려서 첫 예배를 드렸는데 아이들을 포함해서 약 20여 명이 첫 예배를 드렸다. 그리고 한 달 뒤에 노회 임원들과 이전 교회의 담임목사님을 모시고 교회설립예배를 드렸다.

3. 드디어 교회를 개척하다

가정교회로 개척 1~2년차 : 매뉴얼에 집중하며 광인처럼 올인하다

나는 처음부터 수평이동을 지양하고, 가정교회 매뉴얼대로 하려고 노력했다. 매 주마다 목장, '삶공부', 주일연합목장예배 등을 하면서 가정교회의 세 축을 세우기 위해 노력했다. 교회설립예배를 드리기 전부터 원형목장을 하면서 성경에서 말하는 교회의 모습을 강조하였고 처음부터 가정교회 목장모임의 중요성을 소개하였다. 그리고 원형목장모임을 인도하면서 함께 진솔한 삶을 나누고, 함께 기도하고 서로의 삶을 조금씩 오픈해 갔다. 그리고 공휴일에는 BBQ 파티를 하거나, 1박 2일로 리조트를 빌려 전 교인 캠프를 하면서 가족 같은 분위기를 만들어 갔다. 나는 교인들에게 목장들이 모여서 주일연합목장예배를 드리는 것을 강조하였고, 한 주간 기도하게 한 후에 목자 목녀로 자발적으로 헌신하도록 안내하였다. 이때에 3가정이 목자 목녀로 헌신해서 우리 집에서 원형목장모임을 시작한지 2개월 만에 3개 목장으로 분가를 하였다. 이렇게 빨리 원형목장에서 분가할 수 있었던 이유는 개척멤버 3가정이 이미 제자훈련을 받았고 섬김과 희생이 어느 정도 훈련된 분들이었기 때문이었다. 목장이 세워진 후부터 나는 곧바로 매주 화요일마다 '생명의 삶'을 개설하고, '삶공부'에서 배운 것을 목장에서 나누도록 이끌었다. 또한 3개 목장이 세워진 다음 주일부터 약 3~4년간 매주 '목자모임'(조모임)을 가졌다. 매주 주일 예배 후 점심식사를 마치고 오후에 목장의 현황을 살피고 목자들이 섬김에 집중하도록 안내해 주었다. 나는 주간에는 '생명의 삶' 공부(화), 수요기도회, 새벽기도회 인도에 집중하고, 주일에는 주일연합목장예배와 목자모임에 집중했다. 그랬더니 약 8개월이 지나서 1개 목장이 분가를 했다. 그리고 이 과정에서 첫해 3명, 둘째 해에도 3명의 VIP들이 세례(침례)를 받게 되어 영혼구원의 기쁨을 맛보았다.

개척 3~4년차: 가정교회 토양이 만들어지고 교회 일꾼을 세우다

첫 3년은 나에게 배어있던 전통교회 목회자의 물을 빼내고 가정교회 정신으로 물들이는 시간이었다. 가정교회 매뉴얼대로 3년을 했더니 가정교회 세 축이 형성되고 담임목사 리더십에 성도들이 순종하는 분위기가 생겼다. 교회설립 3주년 감사예배 때 최영기 목사님을 모시고 가정교회 부흥회를 하게 되었는데, 이때부터 교회 리더들이 말씀에 은혜 받고 섬김의 마인드를 삶에 적용하기 시작했다. 3년간 열심히 섬긴 것에 비해서 영혼구원의 열매는 미비해 보였지만 그래도 실망하지 않고 꾸준히 매뉴얼대로 따라하며 집중하고 반복했다. 3년차가 지나가니 개척멤버들도 희생과 섬김이 몸에 배었다. 이즈음 나는 휴스턴 연수를 다녀와서 '예수 영접 모임'에 더 집중하며 목자들의 수고가 헛되지 않도록 최선을 다했다. 그리고 3년차 말미에 곽인순 목자(휴스턴 서울교회)를 초청하여 간증집회를 하고, 설립 4주년 감사예배 때 이재철 목사님(열린문교회)을 모시고 가정교회 부흥회를 하였다. VIP들이 4개월 만에 변화되어 목자 목녀로 헌신하는 기적들이 일어났다. 분위기가 좋은 이때 나는 교회 조직을 개편했다. 목자 중심으로 사역해 오던 교회조직을 4년차를 맞아서 2분의 장로를 세워 당회를 구성하고, 3분의 안수집사, 1분의 권사를 세웠다. 그랬더니 교회 행정의 구심점이 생기기 시작했다. 그리고 목자로 섬기던 분들을 일꾼으로 세웠더니 그분들의 섬김의 리더십이 교회 전체에 본이 되었다.

개척 5~6년차: 자연스러운 영성, 생활화된 헌신으로 무장된 특공대로!

5년차부터 영혼구원에 대한 기쁨이 공동체에 흐르기 시작했다. 각 목장마다 목자 목녀로 헌신하는 분들이 많아지기 시작했다. 예수 영접 모임을 통해 구원받는 자의 수가 늘어 갔고, 성도들도 열심히 기도하며 기도응답을 받는 체험들을 했다. 그런데 새로 VIP를 전도하는 속도보다 예수님을 영접하고 세례(침례) 받은 후 '생명의 삶'을 수강하고 목자로 헌신하는 속도가 더 빨랐다. 성령님의 역사로 은혜를 받은 목원들이 너도 나도 목자로 헌신하겠다고 했다. 그래서 개척 목장들이 탄생하기 시작했다.

목장이 12개가 되었을 때부터 최영기 목사님의 권면에 따라 평신도 세미나를 개최하였고 성도들은 섬김의 기쁨을 경험하기 시작했다. 세미나를 행사로 여기지 않고 삶의 한 부분으로 여기며 섬겼다. 가정교회 세미나를 개최하여 섬긴 후, 목자 목녀들은 부흥회보다 더 큰 은혜가 있다는 사실을 깨달았다. 목자 목녀들이 섬기면서 보람을 느끼기 시작했다. 그래서 6년차부터 대양주 지역을 섬기기 위해서 목회자 세미나, 평신도 세미나를 매년 개최하면서 가정교회를 전파하는 특공대로 성장해 갔다.

7년차: 안식년을 가지면서 다시 재충전하다!

하나님의 은혜로 교회설립 7주년을 맞아 21개 목장과 4개의 목장이 세워졌다. 가정교회를 반대했던 장로님에게 개척초기에 섬기신 헌신과 노고를 치하하며 7주년을 맞아 장로 은퇴식을 해 드렸다. 반대자를 내치지 않고 포용하려는 모습을 보고 성도들은 목회자를 더 신뢰하고 가정교회에 대한 확신이 더 강해졌다. 그동안 380여 명이 예수 영접 및 영접 확인을 하였고 5개의 필수 '삶공부'와 다른 선택과목들도 공부했다.

네 기둥 세 축에 기초한 가정교회 그림이 공동체 전체에 그려지게 되니 교회 리더들은 나에게 안식년을 주었다. 하지만 나는 목자 목녀들이 고생하는데 나 혼자 긴 시간 쉴 수 없어서 두 달만 쉬기로 하고 휴스턴 연수와 한국 가정교회 탐방을 하면서 많은 도전을 받고 앞으로의 목회 방향을 재설정하는 시간을 가졌다.

4. Tip 3가지

첫째, '신약교회 회복'이라는 한 우물을 파라!

오늘날 목회자들의 가장 큰 실수는 교회를 개척하면서, 성경을 붙들고 기도하면서 개척하기보다는, 대형교회 목회자들의 성공사례를 개척모델로 정하는데 있다고 생각한다. 신문이나 잡지 광고를 보고 목회 유행에 따른 개척을 하면 처음 2~3년은 나름대로 잘 되는 것 같지만, 3년 이상 되면 탈진하고 다른 우물을 파게 된다고 생각한다. 그래서 개척 초기에는 기도와 말씀에 집중하면서 '신약교회 회복'이라는 한 우물을 파되 '매뉴얼대로 판다'는 결심을 해야 한다. '매뉴얼대로 판다'는 말은 내 기분대로 사역하는 것이 아니라, 일정한 원칙을 따라서 사역한다는 것을 의미한다. 그 결과는 영혼구원의 열매로 나타나고, VIP들은 헌신하여 목자 목녀의 삶을 사는 제자로 변한다.

하나님께서는 디렉션(방향)에 관심이 있으시기 때문에 개척 초기에 '신약교회 회복'이라는 목회 방향설정이 가장 중요하다고 생각한다. 나는 처음부터 '모든 민족으로 제자를 삼으라'(마 28:19)는 예수님의 소원을 붙잡고, 신약교회를 회복하는 목회를 하겠다고 선명한 목표를 설정했다. 그래서 나는 영혼구원이 잘 안 되어 힘이 들거나, 수평이동의 유혹이 밀려올 때마다 가정교회 매뉴얼을 붙잡고 말씀과 기도에 집중하면서 그 위기들을 이겨냈다.

이제 교회설립 7주년을 맞았다. 뒤돌아보니 '가정교회는 자식농사와 같다'. 어느 누구도 함부로 자식자랑하지 말라는 말이 없다. 유년기에는 건강하고 착했던 아이가 사춘기를 보내면서 탈선할 수 있고, 사춘기를 무사히 잘 보냈어도 청년이 되어 친구를 잘못 사귀어서 세상에 빠져 부모의 마음을 상하게 할 수도 있다. 목회도 마찬가지다. 그래서 목회자는 부모의 마음으로 매일 매일 목회현장에서 성실함으로 최선을 다하고 기도와 말씀에 전무해야 하며, 교회의 존재 목적인 영혼구원과 제자 만드는 일에 있어서 마지막 순간까지 포기하지 않는 끈질김이 필요하다는 것을 깨닫게 된다.

또한, 한 우물을 팔 때는 혼자 고민하지 말고 '소통하기'를 힘써야 한다. 똑같은 스마트폰을 사용해도 어떤 사람은 인터넷과 SNS를 잘 활용하지만 어떤 사람은 겨우 문자나 보내고 통화하는 정도에서 그친다. 마찬가지로, 가정교회로 개척했다고 해도 상황에 따라 잘 몰라서 가정교회 매뉴얼을 사역에 적용하지 못할 때가 많이 있다. 그래서 같은 길을 먼저 간 가정교회 목회자들과의 소통이 필요하다.

가정교회로 개척할 때 소통할 수 있는 네트워크는 여러 개가 있다.

첫째, '지역모임'이다. 내 경험으로 목회자 지역모임은 몇 가지 중요한 역할을 하며, 가정교회 목회에 큰 도움을 준다. 먼저 목회자 부부관계를 회복하도록 돕고, 가정에서는 남편과 아버지로서, 교회에서는 목사로서 건강한 자화상을 가지고 살아가도록 돕는 역할을 한다. 그리고 가정교회 선배 목회자들을 통해 가정교회 정착 방법을 배워나가기 때문에 실수를 줄이고, 교회 개척 상황을 잘 살펴서 개척교회 성도들이 영혼구원 사역을 하면서 탈진을 이겨내고 보람과 행복감을 느끼도록 잘 돌봐 준다. 더 나아가 지역모임은 교회를 개척한 목회자의 외로움을 달래주고, 많은 유혹을 이겨내도록 돕는 방패 역할까지 한다. 나는 지역모임과 소통하면서 이러한 지역모임의 도움을 통해 새 힘을 얻었다.

둘째로, '컨퍼런스'라는 네트워크가 있다. 목회자 컨퍼런스[20]에 꾸준히 참석하면서 동역자들과 관계의 폭을 넓히고, 가정교회 DNA를 확인하여 개척교회 상황에 맞는 '삶공부' 시리즈를 도입하는 목회적 센스와 지혜를 발휘해야 한다. 내 경험으로, 목회자 컨퍼런스는 자동차를 정기 점검하는 것처럼, 손에 쥐어준 가정교회 매뉴얼을 다시 점검하게 하는 기회가 된다. 또한 '삶공부' 수강을 통해 목회자에게 주어진 '가르치는 은사'를 계속 발전시키는 역할을 한다. 나는 컨퍼런스 때마다 상황에 맞게 역사하시는 하나님의 인도하심을 늘 경험했다. 매년 개최되는 2번의 목회자 컨퍼런스는 목회자의 탈진을 예방하게 하고, 주님께서 인도하시는 목회방향으로 재설정하도록 안내하는 역할을 하기에 나는 앞으로도 계속 컨퍼런스에 참석할 생각이다. 목회자 컨퍼런스는 시시각각 변하는 목회 현장에 대한 새로운 목회 매뉴얼을 계속 안내하는 역할을 해낼 것이라고 나는 믿는다.

이렇게 목회자가 한 우물을 파기로 결심하고 가정교회 정신을 붙

---

[20] 목회자를 위한 가정교회 세미나에 참석한 목회자들과 사모들이 모여서 후속 '삶공부'도 속성수강하고, 가정교회 사례도 발표하고 듣는 모임. 현재 봄가을로 북미와 한국에서 각각 1년에 2회 모임.

잡고 지역모임과 컨퍼런스를 꾸준히 참석하면서 소통하다 보면, 가정교회 세 축이 건강하게 세워지게 되고, 매년 가정교회 세 축이 업그레이드될 것이다. 이때에 세례(침례)식과 허그식 그리고 간증들이 주일예배 순서에 지속적으로 반복되고 설교 후 헌신대에서 헌신하는 분들이 늘어나며, 이때부터는 지금까지 판 우물에서 물을 길러 갈증을 해소하는 시원함과 기쁨을 맛보게 될 것이다.

둘째, 섬기고 섬기고 섬겨라!

교회를 개척할 때 일어나는 가장 큰 실수는 대부분 '자기 실력'을 믿고 '자기 생각'에 갇혀서 목회하는 것이라고 생각한다. 우리가 목회하는 21세기는 목회자들끼리 경쟁하는 것을 당연시 한다. 이미 신학교에서부터 동역자라는 좋은 관계를 형성하기보다는 공부하면서 서로 치열하게 경쟁하는 법을 배웠다. 그래서 공부 잘하면 목회 잘하고, 공부 못하면 목회도 영향력 없이 한다는 착각을 하게 만들었다.

물론 열심히 공부하고 실력을 쌓기 위해서 끊임없이 노력해야 하지만, 목회자는 주님의 주재권 앞에 무릎 꿇고 순종하며 성경대로 살려는 노력이 먼저 필요하다고 생각한다. 그런데 안타까운 일은 목회자들이 말씀과 기도에 집중하고 리더십을 발휘하여 훈련하는 일에 관심을 가지고 십자가의 고난과 부활의 영광에 관심을 갖기보다는 큰 교회 목회, 성공하는 목회에 더 관심을 갖는 것 같다.

영혼을 사랑하는 하나님의 마음을 가진 목회자라면 개척 초기부터 영혼구원을 위해 '섬기는 목회'를 하기로 결심해야 한다. 내가 가정교회 정신을 붙잡고 목회를 해 보니 첫째, 기도로 섬기고, 둘째, 진리의 말씀으로 섬기고, 셋째, 평신도 리더십들인 목자 목녀들이 하나님 앞에 성공하도록 섬기는 것이 가능한 것 같다. 그리고 가정교회 전파를 위해 세미나를 개최하여 섬기는 것도 가능하다.

내가 가정교회 목회 현장에서 배운 한 가지는 '섬기면 사람을 얻게 된다'는 사실이다. 교회를 개척해보니 그 무엇보다 '한 사람'의 소중함을 느낀다. '복중에 복은 인복'이라는 말이 있다. 사람을 잘 만나야 한다는 말이다. 교회를 개척하면서 한 사람이 귀하고 '내 옆에 누가 있느냐'에 따라 목회의 방향이 달라질 수 있다는 사실을 깨달았다. 목회자 옆에는 항상 주님이 가장 가까이 계셔야 한다. 그리고 서로 신뢰할 수 있는 믿음의 동역자들이 반드시 있어야 초지일관된 자세로 주님의 몸된 교회를 잘 세워나갈 수 있다는 사실을 나는 배웠다.

본질을 사수하다

내가 하나님의 은혜로 수많은 위기를 극복하고 가정교회로 목회하면서, 정말 감사한 것은 시간이 흐르면서 성도들의 신뢰를 조금씩 받게 되었다는 사실이다. 교인들에게 내 목회에 대해 신뢰를 받는 것이 생각처럼 쉽지는 않았다. 그러나 나는 가정교회가 성경에 가장 가까운 교회라는 확신을 갖고 본질이 아닌 것은 포기하더라도 본질은 결코 양보하지 않고 금식기도하며 사수했다. 처음에는 사람도 몇 명 없는데 개척 초기부터 기존신자를 막는다고 오해도 받았다. 그러나 '원칙'을 정해 놓고 '반복'하며 '실천'하다 보니 성도들이 나를 신뢰하기 시작했다. 성도들의 입에서 "우리 목사님은 기도하는 분이야~!" "우리 목사님 주일 설교 말씀은 삶에 적용할 수 있고 은혜가 있어~!" "우리 목사님은 항상 내 형편을 이해해 주셔"라는 말이 나올 때 나는 성도들이 나를 신뢰하고 있다고 생각했다.

나는 위기가 다가올 때마다 성경대로 살아보려고 몸부림쳤다. 사람들과 만나서 협상하기보다 먼저 말씀과 기도에 전념했다. 문제가 생기면 내가 할 수 있는 것이 기도밖에 없었기 때문이다. 지금 계산해 보니, 개척 초기 1~3년차에는 1년 중 3달 정도를 금식하며 기도했고, 4~6년차에는 1년의 반 이상을 금식기도하며 주님께 엎드렸다. 여러 번의 위기 때마다 하나님은 내 기도에 응답해 주셨고 나는 주님의 도우심으로 위기를 잘 넘길 수 있었다. 성도들 또한 나의 기도하는 모습을 보고 감동하기 시작했다.

개척 후 처음 3년간 나는 주일 설교 때문에 어려움을 겪었다. 부목사 생활을 할 때 주일에 설교할 기회가 많지 않았기 때문에 설교는 나에게 큰 부담이었다. 15년 이상 다녔던 교회 목사님의 훌륭한 설교에 익숙해져 있던 개척멤버들 앞에서 설교한다는 것이 나에게는 큰 짐이었다. 그래도 나는 최선을 다해 준비해서 말씀을 전했다. 나는 은혜롭게 말씀을 잘 전했다고 생각했다. 그런데 어느 날 성도들이 나의 설교에 전혀 은혜 받지 못하고 있었다는 사실을 알게 되었다. 성도들은 나에게 '설교시간이 너무 길다!' '너무 말이 빠르고 직선적이다!' '꼭 나를 겨냥해서 설교하는 것 같아 시험에 들었다'는 등의 불만을 토했다. 이때 나는 변명하지 않고 솔직하게 말했다. "저는 설교학에서 좋은 점수는 받았지만 그동안 설교할 기회가 많지 않았습니다. 나에게 시간을 주시면 여러분들이 은혜 받는 설교를 하도록 힘쓰겠습니다." 나는 내가 신뢰를 얻는 방법은 '솔직함'이라고 생각했기 때문에 나의 약점을 성도들에게 솔직히 말했다.

나는 나의 강점과 약점을 살펴, 강점은 살리고 약점은 하나씩 보완해 나갔다. 그러다가 개척 3년차가 되었을 때 가정교회로 전환하려는 교회들이 집회를 요청해 왔다. '내가 섬기던 새생명교회도 아직 연약하고 부족한데 어떻게 다른 교회를 섬길 수 있는가?' 하고 고민을 했다. 초청교회 목사님들의 간절한 부탁을 받고 기도하는데, 가정교회 목회를 먼저 배웠고 하나님의 은혜로 영혼들이 구원되고 있으니 그 은혜를 값없이 나누어야 한다는 마음을 주님께서 주셨다. 나는 호주의 타 주와 뉴질랜드 지역 교회들의 초청을 받고 자비량으로 섬기기로 했다. 이때 나는 집회에 혼자 나가지 않고 초대교회처럼 제비뽑기를 해서 목자 목녀 3~4명을 데리고 가서 설교 전에 20분 간증을 하게 하고 나는 설교를 했다. 이때 함께 집회에 다닌 목자 목녀들의 말이 설교를 못한다는 나의 이미지를 바꾸었다. 목자 목녀들은 교회에 돌아와서 "우리 목사님은 집회에 오시면 설교가 더 좋아지고 은혜가 넘치는 설교를 한다", "우리 목사님이 설교하는데 시간 가는 줄 몰랐다!"고 말을 했다. 또 어느 권사님은 "우리 목사님이 다른 어느 목사님보다 훨씬 설교를 잘한다"고 소문을 내기 시작했다. 나는 설교에 대한 나의 부족함을 극복해 나가기 시작했고 리더들과의 위기를 신뢰의 관계로 회복해 갈 수 있었다.

이 과정을 통해 나는 목회자는 '말씀과 기도에 있어서 성도들에게 신뢰를 받아야 한다'는 사실을 깨달았다. 기도와 말씀으로 섬기고 성도들을 하나님 앞에 성공시키려고 섬기면 보너스로 성도들의 신뢰를 얻게 된다는 사실을 가정교회 목회를 통해 배웠다.

셋째, 위기를 새로운 기회로 만들다

나는 성격이 신중하고 안정적이면서 주도적인 성향이어서 리더십이 좀 있는 것 같다. 가르치는 은사도 있다고 생각했기 때문에, 부교역자 시절에는 내가 말씀을 가르치고 훈련시키면 평신도들이 잘 순종할 줄 알았다. 그런데 결과는 정반대였다. 오히려 내가 가르쳐준 대로 섬겨도 열매가 별로 없으니 교회 리더들이 일반 교회처럼 편하게 신앙생활하기를 원하는 것 같았다. 그래서 나는 개척 1년 6개월쯤 되었을 때 '평신도는 평신도가 설득한다!'는 확신을 가지고 교회 평신도 리더들을 휴스턴 평신도 세미나에 보내기로 결심했다. 평신도 5명이 당시 1인당 2,800달러의 항공료를 자비량으로 지불하여, 평신도 세미나에 참석하여 큰 도전과 은혜를 받고 왔다. 그 후부터 해마다 몇 명씩 조를 짜서 자비량으로 휴스턴 평신도 세미나에 참석하였고 현재

30명 정도가 세미나에 다녀왔다.

나는 처음에 '목회자가 열심히 기도하고 섬기면 평신도들이 내 모습을 보고 잘 따라 올 것'이라고 생각하고 열심히 영혼구원에 집중했다. 그리고 가정교회 개척 8개월 만에 3개 목장 중 1개 목장이 분가도 경험했고 VIP 영혼구원의 맛도 보았다.

그런데 어느 순간, 개척멤버들이 딴 생각을 품고 있다는 것을 알았다. 그들은 내가 부목사로 섬겼던 교회처럼 빠르게 성장하기를 기대하고 있었고, 개척멤버들 중 연세가 많은 분은 장로가 되는 것이 목표라는 사실도 알게 되었다. 차츰 위기를 느끼고 있던 차에, 드디어 30대 개척멤버 부부가 연말에 교회를 떠나겠다고 장문의 이메일을 보내왔다. 그 부부는 '열심히 섬겨도 영혼구원의 열매도 보이지 않고 힘들어서 떠나겠다'고 했다. 이때 내가 할 일은 기도밖에 없었다. 그래서 연말에 금식을 하며 새해를 맞이했다. 새해 첫날은 전교인 금식기도일로 선포하고 함께 기도원에 올라가서 12시간 동안 찬양하고, 말씀 읽고, 기도 하며 전교인이 금식했다.

드디어 성령님께서는 그 부부의 마음을 움직여 주셨다. 부부는 무릎을 꿇고 눈물을 흘리며 그리스도의 몸을 찢는 어리석은 생각을 했다고 회개했다. 나도 함께 눈물을 흘리며 이분들의 손을 잡고 일으켜 세워 허그하고 다시 열심히 영혼구원에 힘쓰자고 간절히 기도했다. 위기는 새로운 '기회'이다. 이후로 이 부부는 신실한 교회의 일꾼으로 성장했고 목장 분가도 2번 했다.

주님과 함께 고난의 파도를 즐기다

이처럼 개척 초기에는 예측할 수 없는 위기들이 다가온다. 이때는 고난의 파도를 타며 즐길 수 있어야 한다. 호주의 시드니에 '본다이 비치(Bondi Beach)'라는 곳이 있다. 이곳에는 사시사철 젊은이, 노인 할 것 없이 파도 타기를 즐기는 서퍼(surfer)들이 모여든다. 나도 그곳에 가본 적이 있다. 나는 서핑을 하지 못하기 때문에 구경만 했다. 서퍼(surfer)들은 파도가 클수록 멋지게 파도를 탔다. 그들은 큰 파도를 즐겼다. 그들의 파도타는 모습을 보면서 나는 내 목회에 찾아오는 위기의 파도, 시련의 파도를 서퍼들처럼 즐기기로 했다. 그리고 사단이 갖지 못한 웃음을 나의 무기로 삼았다. 그랬더니 어떤 VIP 형제는 평생에 처음으로 교회 나와서 내 설교를 들었는데 내가 행복하게 웃으면서 설교하는 모습에 감동을 먹었다고 했다. 그 형제는 교회에 잘 정착하여 예수 영접 모임에서 세례(침례) 받고 우리 교회 목자가 되었다.

나는 위기라고 생각되면 '예수 영접 모임'에 더 집중하여 예수 영접한 분들의 간증으로 구원의 감격을 모든 교우들이 느끼도록 했다. 그 결과 교회 리더들의 불평과 불만은 사라지고 영혼구원의 소중함을 인정하고 가정교회를 통한 영혼구원에 다시 힘쓰는 목자 목녀들이 생겨났다.

위기는 주님께서 우리에게 성장하도록 훈련하시는 새로운 기회라고 생각한다. 그래서 위기를 맞이할 때 우리는 기회를 주신 주님만을 신뢰해야 한다. 성경적인 교회개척이 성공하려면 외형뿐만 아니라 내면적으로도 예수님이 담임목사, 나는 부목사라는 의식으로 목회해야 한다고 본다. 그러면 영혼구원이 잘 안 되어도 담임목사이신 예수님을 바라보며 기다릴 수 있고 조급증을 이겨낼 수 있다.

현실이 어려워도 꿈이 있으면 버틸 수 있다. 나는 기도할 때마다 꿈이 꾸어진다. 앞으로 이렇게 하면 우리 목자 목녀들이 행복해 하며 영혼 구원하겠다는 꿈이 꾸어진다. 그래서 수많은 어려움을 이겨내고 버티어 왔다. 그 결과 매월 영혼구원의 열매가 있고 매주 예배 중에 새로운 간증들이 넘쳐난다. 요즘엔 간증이 너무 많아서 어떤 분의 간증을 주일에 나눌까 행복한 고민을 하며 주일을 준비한다. 고난의 파도가 크게 밀려 올 때, 두려워하지 말고 주님과 함께 멋지게 파도를 타고 즐길 수 있는 목회자들이 되길 소망한다.

교회 일곱,
사랑의교회 _ 안국철 목사

2004년에 집에서 가정교회로 개척을 하였으니, 10여 년이 흘렀다. 첫 출판된 「개척교회 사례집」과는 조금 다른 방향에서 적어 보았다. 이번에는 개척가정교회로서의 성장 과정을 되짚어 보았다. 많은 실수도 있었지만, 그 실수가 새롭게 개척하는 가정교회들에 도움이 될 수 있다면 내가 이 글을 쓰는 의미는 충분할 것 같다.

1. "주님, 왜 계속 부르세요?"

목회를 하고 싶은 마음은 없었다. 개척교회를 할 생각은 더더욱 없었다. 그런데 주님의 부르심은 고등학교 2학년 때 주님을 만난 이후로 거의 20년간 계속되었다. 직장 생활을 해도 마음이 편치 않았다. 그러던 중 청주의 기독교 대안학교에서 교사를 모집한다는 광고를 보았다. 믿을만한 기독교 잡지에 나온 터라 이력서를 냈다. 다행이 합격이 되어 나는 2004년 1월에 학교가 있는 청주로 이사를 했다. 그런데 3월에 대안학교가 문을 열지 못하는 바람에 졸지에 나는 실업자가 되었다. 외국어 학원에서 8년동안 토플을 강의한 경력이 있었기 때문에, 나는 다시 영어 강사를 시작했다. 이때 주님이 부르시는 소리가 다시 들려왔다.

그제야 나는 교회를 개척했다. 나는 개척할 때 네 가지 소망을 주님께 말씀드렸다. "돈이 없어도 개척이 된다는 것을 보고 싶습니다. 교회의 위치가 안 좋아도 교회가 세워질 수 있다는 것을 보고 싶습니다. 건물이 없고 음향 시설이 없어도 주님을 만나러 사람들이 교회로 몰려오는 것을 보고 싶습니다. 나처럼 내세울 것 없는 부족한 목회자도 주님이 함께 하시면 목회가 된다는 것을 보여 주고 싶습니다." 내가 이렇게 말하는 이유는 주님이 하셨다는 것을 자랑하고 싶어서였다. 나는 하나님이 하시면 된다는 것을 증명해 보이고 싶었다.

교인도 없는데 목사라고 하기가 뭣해서, 먼저 좋은 목원, 좋은 교인이 되어 보기로 했다. 1~2년을 그렇게 살아보니 주변 이웃들과 아주 편안한 관계가 되었다. 물론 전도를 위해서 특별한 호의를 베푼 것은 별로 없다. 그냥 부담 없이 어울리고 인사하고 나눌 것이 있으면 나누고 그렇게 지냈다. 교인숫자가 5~6명이 될 때는 목자라고 생각했다. 그리고 목장이 2개가 되었을 때는 초원지기라고 생각했다. 목장이 네 개가 되었을 때 그때 전임 목회자라고 생각했다.

2. 원형 목장 만들기

개척을 하면, 여러 경로로 사람을 만날 수 있는 기회들을 하나님께서 주신다. 경제문제, 가정문제, 중독문제, 건강문제 등으로 힘든 상황에 있는 사람들을 만나기도 하고, 자녀들이 유치원 혹은 초등학교를 다닐 경우 자모들을 만나기도 하고, 과거에 교회를 다녔지만 내면적인 상처와 실망, 좌절 때문에 교회에 발을 들여놓지 못하는 사람을 만나기도 한다. 아무래도 교인이 거의 없는 개척 초기에 하나님은 이런 사람들을 만날 수 있는 기회를 가장 많이 주시는 것 같다.

사람들은 목회자에 대한 부담감을 가지고 있다. 목회자에 대해서 영업사원이나 다단계처럼 교회에 끌어들이려는 것 같은 부담감을 가지고 경계하기도 한다. 그래서 옆집 아저씨처럼 부담을 갖지 않도록 섬겨주고, 만나면서 경계심을 허물어가는 시간이 필요하다. 자연스런 만남과 섬김을 통해 경계심이 허물어지면서 자신의 마음을 오픈하는 시간이 필요하다. 1~2년 정도의 시간이 적절한 것 같다. 너무 짧으면 신뢰가 형성되지 않고, 너무 길면 긴장감이 없어지기 때문이다.

관계를 맺고 나면, 복음을 전하고 영혼구원이 이루어지고 교인으로 등록시켜야 한다. VIP를 교인이 되게 하는 것이 그렇게 쉽지만은 않았다. 나는 먼저 복음을 전했다. 그리고 1주일에 목장모임과 교회에 한 번씩 나오라고 초청했다.

주일예배 시간을 10~20분으로 잡았다. 1년 정도는 예배시간에 찬양을 한 곡만 드리고, 구원에 관한 복음을 설교하고, 맛있게 밥을 먹었다. 그리고 찬양을 조금씩 늘려가고 예배 시간도 조금씩 늘려갔다. 구원의 필요성을 느끼면 이분들이 교인이 되고, 교인이 되어야 지속적으로 교회에 나올 수 있다고 생각했다.

개척 후 2년은 자연스런 섬김을 통해 관계를 맺어가고, 3년차에는 원형목장의 내실이 다져지면서, 소수의 교인이 형성되었다. 그리고 4년차에는 원형목장을 둘로 나누어서 두 명의 평신도 목자를 세웠다. 한 목장은 평신도가 하고, 한 목장은 목회자가 목자를 하게 되면 균형도 맞지 않고, 탐방도 못할 것 같아, 한 목자가 좀 부족한 듯 했지만 둘 다 평신도로 목자를 세웠다. 개척 후 4년 안팎으로 두 개의 목장만 되면 교회는 세워질 수 있다.

일단 목장이 두 개가 되면 분가해서 네 개의 목장이 되는 데는 1년 정도 걸린다. 물론 목회자가 VIP를 전도해서 목원을 만들어주는 형식이었다. 이때의 교인들은 영적 어린아이이기 때문에 자신의 필요만 채우려고 하고 교회 성장이나 교회 건강에는 별로 관심이 없었다.

처음 세워지는 목자 목녀는 역량이 부족하기 때문에 적은 숫자의 목원을 넣어 주었다. 이런 식으로, 네 개의 목장까지는 거의 목회자가 전도를 하고 보살펴주며, 가정교회의 형태를 만들어 가는 정도였다. 목자 목녀의 헌신도는 크게 기대할 수 없고, 목자 목녀가 교회에 남아 있는 것만으로도 기적이며 감사였다. 목자 목녀는 목자 목녀대로, 목원은 목원대로 부지런히 보살펴야 했다. 어떤 경우에는 목장 모임 때 밥상에 올리기만 하면 되도록 음식을 만들어 갖다 주기도 했다.

위임이 이루어질 토양이 되지 않았는데, 네 개의 목장이 되기 전에 무조건 위임을 하면 목자 목녀가 넘어질 수도 있다. 이 시기에는 모든 일의 80~90퍼센트 정도를 목회자가 감당해야 하는 시간이었다.

3. 되는 것이 없을 때

개척 4년차부터 7년차까지 4~5개의 목장을 세우고, 주일에 30~40명이 출석했는데, 이 고비를 넘기는 것이 쉽지 않았다.

처음에 성도가 아주 적을 때는 한 사람 한 사람과 관계하며 보살펴주던 목회자의 사랑과 관심이, 성도들이 30명~40명으로 늘면서 1/30~1/40로 줄어들었다. 나는 하느라고 해도 성도들은 목사에 대해 섭섭한 마음을 토로했다. 목사가 전도한 사람들이 많다보니, 모두 목사만 바라보고 모든 것을 목사가 직접 해주기를 바랐다. 물론 목자에게도 부족한 면들이 있었으나 목자의 권위가 세워지지 않음으로 인해서 선택과 위임이 잘 이루어지지 않았다.

세상에서 살던 습관이 여전히 남아서, 어디까지가 진실이고, 거짓인지 구분할 수 없는 말들도 나돌고, 서로에 대한 시기와 질투 그리고 다툼들도 일어났다. 급기야 한 목장이 통째로 무너지고, 우리 교회에서 예수님을 만나고 목자가 된 부부가 교회를 떠나고, 목원들도 떠나는 일이 벌어졌다. 그 여파가 다른 목장에까지 미쳤다. 급기야 교회 전체가 흔들리기도 했다.

초기에 세워진 목자 목녀들보다 나중에 온 목원들이 더 열심히 섬기는 기현상도 벌어졌다. 교회에서 무엇을 하면 목자 목녀는 안보이고 목원들이 헌신하는 경우가 많았다. 나는 목자 목녀도 다독거려야 했고, 목원들 눈치도 보면서 그들도 다독여야 했다.

'삶공부'도 진행이 쉽지 않았다. 하다가 반원들끼리 마음이 상해서 중지하기도 하고, 직장, 음주, 가정문제 등으로 포기하기도 했다. 하나님 뜻대로 살아야겠다는 생각이 부족하니, '삶공부'를 하는 동기부여도 쉽지 않았다.

40평 남짓한 지하에 어른이 40명 안팎, 어린 아이들이 30명 안팎이 모였다. 아이들의 싸움이 끊이지 않았고, 아이들 싸움은 어른싸움으로까지 번질 지경이었다. 아이들이 갈 곳이 없으니 예배 시간에 예배당을 뛰어 다녀, 예배분위기도 엉망이었다. 앞에 비치해 놓은 헌신카드를 아이들이 찢고 다녀서 그것도 치워버렸다. 내가 생각하는 온전한 예배, 은혜로운 주일예배가 쉽지 않았다.

설상가상으로 그동안 좋지 않던 나의 건강도 바닥을 쳤다. 숨이

차서 설교를 하기가 힘들 정도였다. 지하에서 1층 계단을 올라가는데 네 번 이상을 쉬어야 겨우 올라갈 수 있었다. 거의 먹지도 못하고, 움직이지 못할 지경이었다.

제대로 되는 것이 아무것도 없었다. 결국 나는 나와의 싸움을 했다. 다시 일어나야 했기 때문이었다. 내가 이 고비를 넘길 수 있었던 것은 첫째, 지역모임과 컨퍼런스의 도움 때문이었다. 그 와중에도, 나는 10여 년간 한 번도 컨퍼런스에 빠지지 않았다. 충청 지역에서 지역모임이 없을 때는 분당지역으로까지 올라갔다. 지역 목자였던 계강일 목사님을 만나서 우리 교회의 상황을 얘기하고 상담도 하였다. 계강일 목사님은 나의 목회마인드에 공감하며 힘과 용기를 잃지 않도록 늘 격려해 주셨다. 목사님의 말씀은 나에게 정말 큰 힘이 되었다. 지역모임과 컨퍼런스는 나의 목회 방향이 제대로 가고 있는지 확인하고 또 확신할 수 있는 시간이었다.

둘째, 휴스턴 서울교회에서의 연수 때문이었다. 나는 휴스턴 서울교회가 가정교회를 한지 16년 되었을 때 처음 연수에 참석했다. 너무도 아름답고 건강한 교회 모습에 마음이 뜨거웠다. 하지만 그처럼 건강한 휴스턴 서울교회가 하루아침에 이루어지지 않았다는 것을 느낄 수 있었다. 나는 우리 교회에도 여러 가지 힘든 과정이 있을 수 있을 거라고 생각하며, 목회의 방향과 교회의 그림을 장기적 안목으로 그렸다. 당장 눈앞에 보이는 것이 없어도 인내할 가치가 있다는 확신을 가지고 돌아왔다. 아울러, 최영기 목사님의 설교 테이프를 모두 구해 들으면서, 마음이 뜨거워져서 울기도 많이 울었다. 특히 나는 '생명의 삶'을 반복해서 들었다. 나는 그 안에 모든 것이 들어있다고 지금도 생각한다. 이렇게 외롭고 고독한 시간을 하나님의 교회를 꿈꾸면서 보냈다.

셋째, 기도 때문이었다. 건강이 자꾸 나빠지자 불안하고 두려움이 몰려왔다. 극도로 나빠지자 마음이 짓눌려서 제정신으로 있을 수 없었다. 아내와 함께 밤으로 낮으로 기도했다. 나는 앉아서 기도하기도 힘들 정도였기 때문에 기도한다기보다는 기도하는 아내 옆에 누워 자는 시간이 많았다. 어떤 때는 술 취한 교인이 지하 예배당 한 쪽에서 코를 골면서 잠을 자기도 했다. 어느 날은 아침에 기도하러 교회에 가보니, 강대상은 물론이고 교회 전체 기물이 다 부서져 엉망이 되어 있었다. 그 교인이 술을 먹고 정신이 나가서 그랬단다. 한 목녀가 말 없이 빗자루로 쓸고 있는데, 너무 무섭고 미안하고 슬펐다. 기도 말고는 내가 할 수 있는 것이 아무것도 없었다.

그런데, 나의 기도가 간절해지면 간절해질수록, 기도하는 교인의 숫자가 늘어갔다. 기도하다가 방언을 받는 사람도 있었다. 어느 교인은 마음이 뜨거워지고 성경이 읽고 싶어서 견딜 수 없다고 말했다. 크고 작은 기도 응답을 받는 사람들이 생기기 시작했다.

우리 부부의 기도는 우리 부부를 보고 교회 나왔던 사람들이 드디어 살아계신 하나님을 경험하기 시작하는 전환점이 되었다. 기도 외에는 교회가 세워질 수 없다는 것을 나는 그때 깨달았다. 사도행전에서 교회가 잉태될 때 왜 그토록 강력한 성령 폭발이 일어났는지 그때 깨달았다. 그때 시작된 우리 부부의 기도 습관은 지금까지도 지속되고 있다.

돌아보면 이 시간들은 꼭 필요한 시간이었다. 교회는 힘들었지만, 하나님께서는 나의 인격을 다듬으시고, 기도 훈련을 시키시며, 가정교회 정신을 뼈 속 깊이 새겨 넣어 주셨다. 내가 가정교회를 포기할 수 없었던 것은, '가정교회'라는 말만 하면 가슴이 뜨거워지고 눈물이 흘렀기 때문이다. 나는 가정교회는 시스템이 아니라 '믿는 자의 삶의 전부'라고 믿었다. 교회의 회복과 소망이 바로 여기에 있다는 생각이 들어서다. 이 길이 옳다고 믿었기 때문이다.

하나님은 사역의 열매를 보시지 않고 충성을 보신다.
없는 것이 능력이다.
고난은 가장된 축복이다.
인생의 목적은 성공이 아니고 충성이다.
인생의 목적은 행복이 아니고 순종이다.

이런 가정교회 어록들이 나의 내면에 각인될 때까지 나는 인내하며 충성했다.

교인이 30명~50명 되었을 때 교회가 도약을 하느냐, 다시 주저앉느냐 하는 기로에 있었지만 나는 이렇게 고비를 잘 넘기고 지금은 12목장이 되었다. 고비가 찾아오면 앞이 잘 보이지 않았다. 불안하고 두렵고 억울하기도 했다. 내 자신이 무능하고 너무 초라해 보였다. 그러나 나는 그럴수록 더 가정교회 목회에 온 맘을 집중했다. 그리고 한 영혼을 향한 예수님의 사랑을 내 마음에 더 간절히 품고 인내하며 기다렸다. 그리고 아프고 힘든 시간들을 정기 모임과 컨퍼런스를 통해 다른 목사님들과 함께 교제하고 나누며, 말씀을 공부하고, 기도로 매달렸다.

하나님은 영혼을 맡기시기 전에 먼저 나를 다듬으시고 준비시키시는 과정을 가지셨다. 그리고 내가 준비된 만큼 영혼을 맡기셨다.

가정교회의 승패는 결국 나 자신의 문제임을 깊이 깨달았다.

4. 목자들이 지칠 때

내가 알고 있는 목사님 한 분이 몇 해 전에 가정교회를 시작하셨다. 목사님은 1년 동안 열심히 준비하셨다. '생명의 삶'을 시작하고, 가정교회 목사님들을 모셔서 집회를 하고, 평신도 세미나를 보내고, 목사님께서 직접 2~3개의 시범목장모임을 진행하셨다. 모든 것은 긍정적이었고, 목사님도 한껏 고무되셨다. 목사님은 이 모든 것을 1~2년에 한꺼번에 하셨다. 그러나 2~3년이 지나면서 성도들의 저항과 함께 큰 어려움을 겪으셨다. 흔한 사례는 아니지만, 아주 가끔 이런 사례들을 보면서, 왜 그럴까를 생각해 보았다. 아마도 한꺼번에 너무 많은 추진체를 터뜨린 까닭이 아닐까 한다. 담임목회자는 한껏 고무될 수 있는 상황이지만, 성도들이 목회자에 10퍼센트도 동화되지 못할 때는 그런 부작용이 나타날 수 있다.

로켓을 대기권 바깥으로까지 쏘아 올릴 때는 그 고도에 맞는 추진체를 사용하면서 올라간다고 한다. 교회들도 신약의 원형교회로 회복하기 위해서는 그 시기와 상황에 맞는 추진체가 필요한 것 같다. 시기와 상황에 맞는 추진체를 발견하고 사용하는 것이 목회적 리더십의 한 부분이 될 수 있을 것이다.

추진체를 사용하는 순서와 시기는 다를 수 있다. 이미 가정교회를 하고 있는 교회들이 사용하고, 공감하는 내용들이 많이 있으므로 참고하면 큰 도움이 될 것이다.

이제는 개척 10년 동안 어려운 고비들을 극복하고 올 수 있었던 추진체들에 대해 나누기를 원한다. 희망적인 것은 가정교회 사역원에 적어도 10년 이상 사용할 수 있는 추진체들이 준비되어 있다는 것이다. 10년이 지나면, 담임목회자보다 성도들이 더 가정교회를 사랑한다.

담임목회자의 확신과 헌신이다

나는 '생명의 삶'을 반복해서 듣고, 최영기 목사님의 설교를 전체 다 듣고, 컨퍼런스와 지역모임에 빠짐없이 참여하며 내 자신이 먼저 변화되려고 노력했다. 내가 노력했다기보다는 진리가 여기 있다고 확신했기에 저절로 그렇게 되었다.

목회자의 확신이 분명하면, 설교, 나눔, '삶공부' 등에서 반복적으로 흘러나오는 것 같다. '가정교회가 잘 되는 교회는 모든 설교의 적용이 가정교회로 끝난다'는 말에 나는 전적으로 동감한다.

목원들이 속을 썩이다

목자들이 2~3년차가 되었을 때, 목원들이 속을 썩여 목자 목녀들이 힘들어 했다. 처음 경험하는 슬럼프이다 보니 모두가 긴장하고 교회전체 분위기가 가라앉았다.

이때 처음으로 나는 다른 가정교회에 평신도 간증을 부탁했다. 간증을 듣고 나는 '우리만 그런 것이 아니구나'라고 생각하면서 다시 힘을 얻었다. 나는 가정교회들이 3년차에 한 번, 5년 차에 한 번 정도 다른 교회의 목자 목녀를 초청하여 간증을 들으면 좋을 것 같다고 생각한다. 그러면 교인들이 다시 가정교회의 목표와 본질을 더 확고히 세우게 된다.

그리고 목자들을 대상으로 '확신의 삶'을 공부했다. '확신의 삶'에 나오는 주제들인 두 가지 속성, 세 가지 구원의 내용 등을 공부하면서 목자 목녀들이 '목장이 왜 그랬는지 이제 이해가 된다'고 고백했다. 토요일 저녁에 밥을 먹고 2~3목자 가정과 함께 '확신의 삶'을 놓고 목장을 하니까 목자들이 큰 힘을 얻었다.

4~5년차에는 평신도 세미나

개척 4~5년차에는 우리 교회가 제대로 하고 있는지 점검할 필요가 있었다. 나는 교인들에게 잘잘못을 내가 설명하면 잔소리가 되니까, 그냥 우리가 잘하고 있는지 평신도 세미나에 한 번 다녀오자고 했다. 장년 출석 인원이 90~100명인데 평소 참석자가 40명을 넘었다. 다양한 지역의 다양한 교회로 보냈다. 다녀오고 나서 많은 분들이 죽을 때까지 목자를 해야겠다는 간증을 했다.

목자 목녀로서 자신의 부족함을 느낄 즈음, 평신도 세미나에 보냈더니, 이런 간증들을 했다.

"평소에 늘 목사님이 하시던 말씀이지만, 2박 3일간 엑기스만 뽑아서 들으니 너무 좋았습니다." "섬겨 주시는 목자 목녀님의 헌신에 큰 감동을 얻었습니다." "우리도 언젠가는 그렇게 세미나로 섬겼으면 좋겠습니다." "큰 쉼이 되고 도전이 되었습니다."

'하나님을 경험하는 삶'

6년차에 내부의 에너지와 외부의 에너지를 교차해서 사용할 필요가 있다고 생각했다. 평신도 세미나를 통해서 외부에서 에너지를 얻었다면, '하경삶'을 통해서 내부의 에너지를 더 축적할 필요가 있었다. 목자 목녀들과 그룹으로 '하경삶'을 했다. 말씀에 순종하고 하나님의 일을 한다는 것은 신약적 원형 교회를 회복하는 것으로 모든 분들이 한 마음으로 결론을 내고 결단하는 시간이었고, 지금까지 목장을 하면서 느끼는 갈등들을 나누는 시간이었다.

억지로 뭔가를 강요하면 서로가 힘들 텐데, 학생들이 경험한 것을 나누고, 학생들이 결단한 것을 나누니까, 나는 앉아만 있어도 되었다. 나보다 더 감동적인 간증들을 나눴다. 13주 동안의 목자 목녀 훈련시간은 감동의 시간이었다.

목자 컨퍼런스[21]

목자 컨퍼런스에는 가정교회 최고의 강사들이 목장 사역에 필요한 강의를 제공한다. 내가 들어도 감동이 되는 간증들이다.

교회 자체적으로 목자 수련회를 준비할 필요가 없었다. 더 효과적이고 잘 준비된 컨퍼런스가 있는데, 굳이 따로 준비해서 에너지와 집중력을 낭비할 필요가 없었다. 목자 컨퍼런스에 가서 만나는 다른 교회 목자 목녀들과의 만남을 통해서 큰 힘을 얻는 것을 보았다.

나는 가정교회사역원에서 하는 것을 잘 활용하고, 내가 특별히 따로 하는 프로그램은 없다. 나는 요즘 목회를 '하는' 것이 아니라, 목회가 '된다'는 느낌이다. 할 능력이 안 되니까, 가정교회 만나서 되게 해 주시는 하나님께 감사한다.

---

21) 목장 사역을 1년 이상 한 목자 목녀들이 충전 받도록 1년에 1회 모든 가정교회가 연합으로 갖는, 평신도들이 주관하고 목회자가 돕는 집회

숫자가 적어도 분가하면 더 효과적일 때가 있다

가정교회를 한지 시간이 지나면서 변하지 않는 목원, 목자 목녀를 넘어뜨리는 목원, 목자 목녀보다 교회를 더 오래 다니면서도 헌신하지 않는 목원, 목자 목녀를 가르치려는 목원들이 생겨났다.

도저히 견디기 힘들 때는 1년 정도 더 목자 목녀에게 인내하라고 했다. 그리고 인내의 훈련이 끝나면, 분가를 시켰다. 이런 분들은 분가가 답이었다.

분가를 하지 않으려는 사람들이 있지만, 평신도 세미나에 다녀오면, 분가가 필요한 상황에서는 한 사람도 빠짐없이 모두 분가했다.

분가를 하면 대부분 두 목장이 다 활력을 얻고 살아났다.

10년차 '경건의 삶'

내년 10년차에 목자 목녀들을 대상으로 '경건의 삶'을 할 계획이다. 가정교회 개척 10년 동안 목자 목녀들도 산전수전 어려움들을 겪었다. 그 정점에서 경건의 삶을 한다고 생각하니 나는 너무 기대가 된다. 내가 '경건의 삶'에서 경험했던 영적 충격을 목자 목녀들도 함께 나눌 것을 생각하니 기대가 된다.

물론 이전에 '경건의 삶'을 한 목자 목녀들도 많다. 그러나 목자 목녀들만 따로 모아놓고 할 때 그 집중력과 파워는 남달랐다. 이번에도 또 기대해 본다.

기도하는 교회

기도하면 어려운 일도 쉽게 넘어가고, 기도하지 않으면 쉬운 일도 어렵게 넘어 간다. 우리 교회는 따로 기도회가 없다. 1년 365일 기본 예배, 기본 목장모임 밖에 없다.

"내가 평신도였을 때 기도 안하고 싶은데 자꾸 기도하러 오라고 하니까 힘들더라구요…."

이 말에 따로 기도회를 만들지 않았고 대신 나와 아내가 열심히 기도했다. 그러니까 목자 목녀가 따라서 열심히 기도한다. 목자 목녀를 따라서 목원들도 열심히 기도한다. 자연스럽게 기도의 필요성을 느껴서 하루 종일 교회에 기도하러 오는 사람들이 끊이지 않는다.

나의 기도 제목

물론 언제가 될지 모르지만 나와 성도들은 평신도 세미나를 개최하게 해달라고 기도한다. 하나님께서 응답하실 것이다.

목표가 우리의 소유가 아니라, 아름다운 섬김이니까.

앞으로 우리가 가야할 그림을 목회자와 성도들이 함께 공유하고 가니까 한마음이 되는 것 같다.

목회자 세미나

나는 앞으로 10년 안에 우리 교회가 목회자 세미나를 열게 해달라고 기도한다.

성도들이 이런 꿈을 꾸고 있으니까, 모두가 한 방향으로 가게 되고, 집중력이 생긴다. 몇 년 후의 그림을 그리고 기도하며 나갈 수 있다는 것은 가정교회가 우리 교회에 준 큰 선물이다.

방향이 틀리면, 열심히 달려도 헛 일이다. 가정교회는 달려가야 할 방향을 분명히 잡고 있다. 그래서 성도들이 혹 넘어졌다가도 일어난다. 지금 가고 있는 방향이 자신의 삶에 헌신의 의미를 부여해주고, 올바른 길이라고 확신하고 있기 때문이다.

앞에서 내가 말한 2년차 혹은 7년차 등의 연차는 각 교회에 적용할 때는 큰 의미는 없을 것이다. 가정교회 사역원에서 개 교회를 섬기기 위해서 제공하고 있는 표준 연차이므로, 많은 교회들이 지혜롭게 사용하면 된다고 생각한다. 적절한 시기에 적절한 상황에서 사용하는 목회적 리더십만 발휘한다면, 큰 유익을 얻을 것 같다.

지난 10년 동안 나는 잘한 것보다 시행착오가 더 많았고, 실수도 많았던 것 같다. 교회에 위험한 순간들도 몇 번이나 있었다. 그러나 돌아보면 이 모든 고비를 넘길 수 있었던 것은 내가 별다른 능력이 있어서가 아니라 기본에 충실했기 때문인 것 같다.

5. 약점을 강점으로… 그래도 아픈 시간들

개척교회는 건물이 열악할 수밖에 없다. 그럴수록 나는 교회의 본질에 더욱 집중했다. 열악한 환경 속에서 신약적 원형교회를 설교하니 더욱 은혜가 되어서 성도들과 같이 눈물을 흘릴 때가 많았다. 음향시설도 전무하다시피 했다. 담임목회자가 진심으로 찬양을 하면 어떤 음향시설보다도 더 은혜가 되는 것 같았다. 목자들도 안정이 안 되었지만, 불평 없이 인내하는 모습을 보면서 너무 감사했다. 이런 교회 환경을 보고 나를 불쌍히 여겨주는 교인도 많았다. 전도지나 프로그램을 운영할 형편이 되지 않았지만, 목회자의 진실한 모습은 더 큰 설득력이 있는 것 같다.

가정교회에 집중했다. 다른 프로그램을 할 여력도 안 되었지만, 인력도 시설도 물질도 부족한 상황에서 최선의 방법은 신약적 원형교회라는 가정교회를 굳게 잡는 것이었고, 나의 진심으로 한 사람 한 사람 만나면서 감동을 주는 것이었고, 그리고 간절한 기도였다.

없다고 안 되는 것은 아니다. 개척이 안 되는 것도 아니다. 부족하다고 안 되는 것은 더욱 아니다. 리더십보다는 인격과 인격이 만나는 시간이 중요했다. 프로그램보다는 사람과 사람이 만나는 시간이 중요했다. 이 시간들은 훨씬 더 진심으로 만나는 시간이었다. 전도지나 프로그램에 식상한 교회를 다니지 않는 사람들이 훨씬 더 감동하며 나를 따뜻하게 맞아 주었다.

개척교회는 가장 치명적인 약점을 가지고 있는 동시에 가장 강력한 무기를 가지고 있다. 가정교회가 그 약점을 강점으로 만들어 줄 수 있다. 본질이 아닌 것을 붙들고 교회를 성장시켜 보려고 하기보다는 가정교회 정신을 가지고 본질에 집중하는 것만이 개척가정교회가 세워질 수 있는 토대가 될 수 있다고 생각한다.

6. 나는 지금도 본질 위를 달린다

지난 10여 년간 그저 신자와 비신자들과 함께 어울려 살았다는 표현이 맞을 것 같다. 가정교회가 없었다면 마치 바람에 밀려 요동하듯 갈팡질팡했을 것이다. 그러나 가정교회 본질 하나 붙들고 달려온 길이어서, 결과에 관계없이 후회하지 않는다. 가정에서 시작하여 이제 12목장이 되었다. 약한 목장도 있지만, 곧 분가할 예비 목자들도 기다리고 있다. 이런 결과보다 더 나에게 중요한 것은 달려갈 길이 있다는 것이다. 본질을 붙들고 달려갈 가정교회가 있고, 그 길을 함께 가는 신실하신 목사님들이 곁에 계신다. 그리고 나와 동역하는 목자 목녀들이 있다.

지난 10년간 함께 해온 목자 목녀들에게 감사를 드린다. 목자 컨퍼런스와 목회자 컨퍼런스를 비롯하여 희생을 아끼지 않는 가정교회 사역원에 또한 감사를 드린다. 개척 때부터 지금까지 한결같이 곁에서 격려해 주신 초원지기님 계강일 목사님께 진심으로 감사를 드린다. 무엇보다도, 목회자가 어떻게 살아가야 하고, 어떻게 사역해야 하는지 모델로 보여 주시는 가정교회사역원장이신 최영기 목사님께

말로 다 표현할 수 없이 감사하다. 생각만 해도 눈물이 핑 도는 신실하신 목사님들이 곁에 있다는 것은 가정교회를 하면서 누리는 가장 큰 축복 가운데 하나이다.

나는 이 글이 개척교회 동역 목회자들과 사모들에게 다시 한 번 더 힘을 내서 달려갈 수 있는 격려가 된다면 더이상 바랄 것이 없겠다. 승리하는 교회가 되기를 간절히 바란다.

"그러므로 너희는 가서 모든 족속으로 제자를 삼아
아버지와 아들과 성령의 이름으로 침(세)례를 주고
내가 너희에게 분부한 모든 것을 가르쳐 지키게 하라
볼찌어다 내가 세상 끝날까지
너희와 항상 함께 있으리라 하시니라" (마 28:19,20)

요단사역정신

"그러므로 너희는 가서 모든 민족을 제자로 삼아 아버지와 아들과 성령의 이름으로
침(세)례를 베풀고 내가 너희에게 분부한 모든 것을 가르쳐 지키게 하라
볼지어다 내가 세상 끝날까지 너희와 항상 함께 있으리라 하시니라"

1. **For God and Church**
   하나님의 영광과 그의 몸 된 교회의 영적 성장과 성숙을 위한 도서를 엄선하여 출판한다.
2. **Prayer-focused Ministry**
   기획 · 편집 · 제작 · 보급의 전 과정을 기도 가운데 진행한다.
3. **Path to Church Growth**
   건강한 교회를 세우는 축복의 통로로 섬긴다.
4. **Good Stewardship and Professionalism**
   선한 청지기와 프로정신으로 문서 사역에 임한다.
5. **Creating a Culture of Christianity by Developing Contents**
   각종 문화 컨텐츠를 개발함으로 기독교 문화 창달에 기여한다.